# コンサル時代に教わった仕事ができる人の当たり前

西原亮
Ryo NISHIHARA

ダイヤモンド社

あなたも必ず

**「仕事ができる人」**

になれる。

新卒のとき、
スタートは同じ
はずだった。

実際、そんなに
差はなかった。

ところが、しばらくすると
「仕事ができる人」と
「そうでもない人」が
**残酷に分かれていく。**

大きな成果を挙げる人と、
残念な結果に終わる人。

先輩と肩を並べる人と、
後輩に抜かされる人。

上司に一目置かれる人と、
部下として心配される人。

同じように頑張っているはずなのに

**どうしてこんなに、差がつくのか？**

**「仕事ができる人」になる条件**を
誰も教えてくれない。

それは、
「頭のよさ」でも、
「コミュ力の高さ」でも、
「専門的な技術」でもない。

唯一、必要なのは
まわりの人から**「信頼」**されること。

ただ、それだけだ。

そして「信頼」を得るために
特別な能力は必要ない。

**当たり前のことを、**
**当たり前のように、やる。**

それだけで、どんな人からも
信頼を得ることができる。

**誰でもできる**当たり前のこと。

ただし、当たり前すぎて

**誰も教えてくれない**こと。

そして意外と、**誰もできていない**こと。

その「当たり前」を

**徹底的に突き詰め、最後までやり切る。**

**仕事ができる人は**
**「当たり前」のレベルが高い。**

それは能力や努力の差ではなく、
**意識の差**であり、
**習慣の差**でしかない。

では、「仕事ができる人」は
**当たり前として**
**何をしているのだろうか？**

それを知ったとき、

**あなたはもう「仕事ができる人」になっている。**

コンサル時代に
教わった

# 仕事ができる人の当たり前

西原亮 Ryo NISHIHARA

ダイヤモンド社

# はじめに
## ――コンサル時代に超優秀な上司から教わった、仕事ができる人の当たり前

いつも頑張っているのに、なぜか結果がついてこない。

必死にタスクをこなしても締め切りに間に合わず、中途半端なものになる。

上司に確認してもらうと「なんか違う」と言われ、結局すべてやり直しになる。

周りの同僚たちは次々と仕事を片付け、成果を出し、上司やお客さんからも信頼されているのに、**自分だけが取り残されている**ような感覚。


**仕事ができない。**

そんなふうに**自信を失い、やり場のない焦りや劣等感**を抱いたことはないでしょうか。

私も同じ経験をしてきました。

私は大学卒業後に就職もせず、父親が社長を務める実家の牛乳配達店をたまに手伝いながら、のうのうと3年間を過ごしました。

その間、お決まりの「父と息子間の衝突」に日々さいなまれ、私は実家を出ることを決意します。

そして初めて就職活動を行い、何とか入社できたのが、設立されたばかりのコンサルティング会社だったのです。

その会社は当時、新卒社員がゼロ。全員がコンサルとしてのキャリアを持つ「転職組」で構成されていました。

**ボストン・コンサルティング・グループ、マッキンゼー・アンド・カンパニー、IBCS（IBMビジネスコンサルティングサービス）、プライスウォーターハウスクーパース**など一流の外資系コンサルで活躍してきた強者たちが集まった、**野武士集団**です。

入社初日のオリエンテーション資料には日本語が存在せず、英文だらけの資料がずらりと並びました。口頭の説明でも使っている単語が意味不明。しかも端的で、早口すぎるので、ジェットコースターに乗っている感覚でした。

社会人経験すらない**「ズブの素人」**が、**バリバリのコンサルキャリア組の渦に巻き込まれ、仕事の基礎の基礎から徹底的に叩き込まれることになった**のです。

当然私は、**「最も仕事ができない人」**として扱われていました。

毎日やるべきことが多すぎて優先順位を見失い、頭も体もヘトヘトになっているのに**何の結果も出せず、数え切れないほど仕事のやり直し**を命じられました。

優秀な同僚や後輩たちと自分を比べ、**強いコンプレックス**を抱いた時期もあります。

どれだけ努力しても追いつけないように感じ、正直、何度も挫折しそうになりました。

しかし、**誰よりも優秀なコンサル上司の一番近くに居続けることで、「できる人の仕事」を生で体感することができました。**

そこで上司に教わったことがあります。

**仕事ができる人は、「当たり前にやるべきこと」を常に意識し、徹底して実行している。**

スキルの高さや、頭のよさは関係ありません。

ただ、仕事のゴールを明確にし、優先順位を決め、効率的にタスクをこなし、適切なタイミングでコミュニケーションを取る。

**「たったこれだけ？」と思うような、やろうと思えば誰にでもできる仕事の基本を、愚直に実行し続ける。**

それが、仕事ができる人になる唯一の秘訣だったのです。

私が「仕事ができない人」として扱われていた理由も、コンサルタントの経験やスキルがないからではなく、**単に「当たり前」ができていなかった**からでした。

上司の指示をしっかり確認しないまま、とりあえず仕事に手をつけてしまう。
「あとで聞けばいいいか」と思って、わからないことを質問せず、その場をやりすごす。
「誰が、何を、いつまでにするのか」を決めないまま、打ち合わせを終えてしまう。

その結果、何が起こってしまうのか。

当たり前にやるべき、最低限の仕事の責任が果たせていないので、**誰の「信頼」も獲得できず、新しい仕事を任せてもらえません。**

実際、私は入社してから2年間、どのリーダーからも認められず、プロジェクトから外され続けるという不遇の時代を過ごしました。

仕事ができる人は**「責任を果たす」→「信頼を獲得する」→「責任範囲を拡大させる」の上昇ループ**にうまく入ることで、どんどん大きな成果を出すとともに、自分を成長させ続けています。

そして、この上昇ループに入るための「はじめの一歩」こそ、社会人として、つまり「お金をもらって働くプロフェッショナル」と

図1　仕事ができる人の上昇ループ

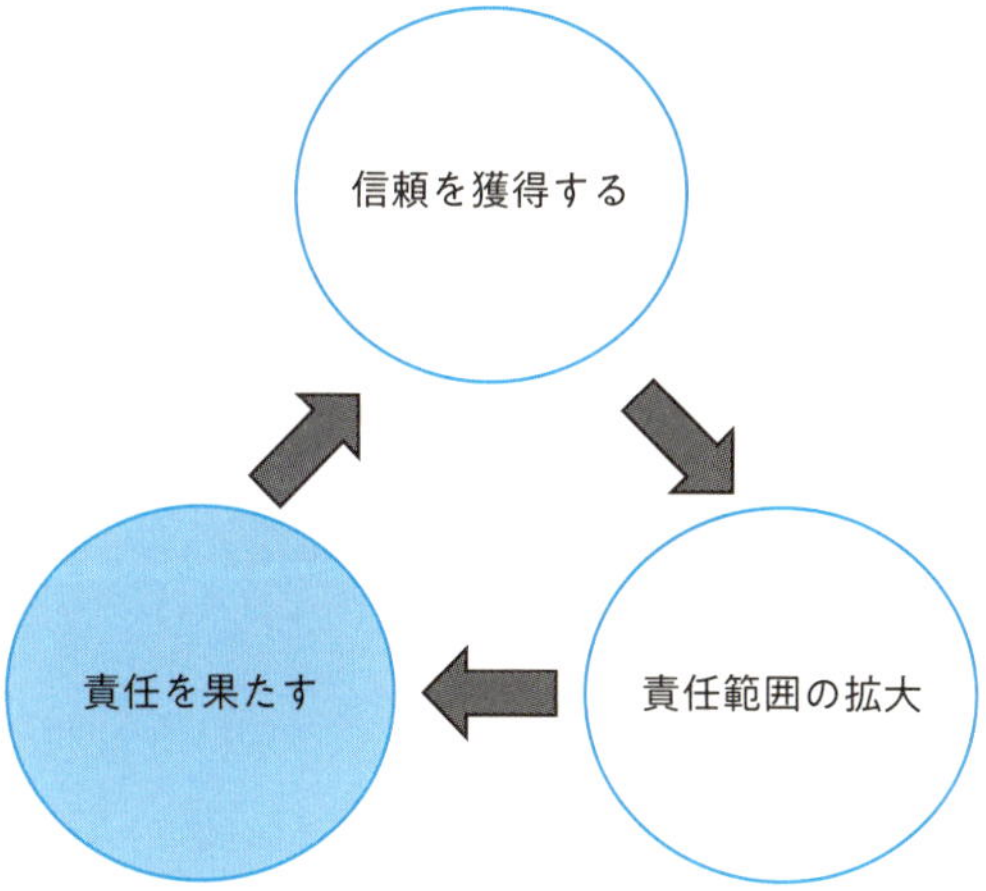

して、上司や周囲の人が**「当たり前」に期待する仕事の基本を、期待以上にやりきる**ことなのです。

**わざわざ言葉にするまでもない、誰でもできるシンプルなこと。**

しかし、**実は意外と誰もできていない、大切なこと。**

「当たり前」に対する意識を変えることで、**誰でもすぐに「仕事ができる人」の側に移ることが可能です。**これは**あらゆる業界・業種に共通する「仕事の王道」**と言えます。

この「当たり前」に気がつき愚直に実践することで、私自身も成果を出せるようになり、多くのプロジェクトに参加して会社に貢献できるようになりました。

そのうち評価も高まり、コンサルタントとして昇進も叶ったのです。

そして、今では経営者として実家の牛乳屋を継ぎ、多くの逆境を跳ね返しながら事業を拡大するかたわら、国内外の大手企業のコンサルティング、事業開発、研修も担当しています。

**当たり前に対する意識を変える。それが「仕事ができる人」への第一歩です。**

ただし、意識を変えるだけでなく、**「具体的な行動」も変えなければ意味がありません。**そして、実は**「当たり前の行動」をわざわざ教えてくれる人は少ない**のです。

本書には、私がかつて「仕事ができない人」として苦しんだ経験を基に、**コンサル時代に超優秀な上司から教えてもらった「仕事ができる人が当たり前にやっている行動や考え方」と、私自身が試行錯誤して実践してきたエッセンスをすべて集約**しました。

本を読んで具体的に改善できるよう、できる限り詳しく解説しています。

あなたが「仕事ができる人」になるための一助として、本書が役立てば幸いです。

それでは、早速始めましょう。

コンサル時代に教わった仕事ができる人の当たり前［目次］



1章

## 仕事ができる人の「考え方」の当たり前

## 2章

# 仕事ができる人の「コミュニケーション」の当たり前

# 3章

# 仕事ができる人の「チームワーク」の当たり前

4章

# 仕事ができる人の「TODO」の当たり前

5章

# 仕事ができる人の「会議」の当たり前

6章

# 仕事ができる人の「ノート術」の当たり前

7章

# 仕事ができる人の「インプット」の当たり前

1 章

# 仕事ができる人の「考え方」の当たり前

# 01 「わかったふり」をしない

コンサル時代、上司から**「罠を仕掛けられた」**ことがたくさんありました。

たとえば、クライアントとの会議後に上司からこう聞かれます。

「○○部長（クライアントの部長）が置かれた立場を考えると、ソリューション事業を中長期で延ばした方がいいよね？　どう思う？」

私は**「そうですね」と何となくあいづちのように回答**しました。

しかし、そのあいまいな返答を聞いた上司は

「○○部長の置かれた立場って、**具体的にはどう理解しているの？**」

「ソリューション事業を中長期で延ばした方がいい**理由は？**」

と私に聞き直してきたのです。

私は返す言葉もなく、口をモゴモゴとさせてしまいました。その結果、強烈なお説教を食らう羽目になったのです。このとき、上司から伝えられた大切なことは、私の胸に刻まれました。

**「理解していないのに『そうですね』と安易に回答することは、自分自身で、疑問に蓋《ふた》をしてしまう行為である」**

**「わからなければ、わからないと認め、伝えるスタンスをとる。**そうすることではじめて、自分の疑問点を解消するアクションにつながる」

「わからないこと、疑問点が出てきたことはチャンスである。**疑問を解消することでクライアントとのコミュニケーションがスムーズになり、相手からの信頼も高まる**」

クライアントとの会議中に出てきたワードや事業構造、各部門の管理職の立場など、知識も経験もない私にとってわからないことはたくさんありました。

しかし、私はすべてをあいまいにしながら、自分の中に疑問を持たず、わかったふりをして日々のコミュニケーションをとっていたのです。

仕事において**わからないことを放置し続ける**ことは、**完全なる悪**です。

仕事を進めて時間が経つにつれ、知らない情報が山のように入ってきます。

そのたびに、一つ一つの言葉や事象を理解し続けなければ、社内外問わずコミュニケーションがおぼつかなくなってしまうのです。

結果、**「あいつは何もわかってない」**と判断され、**「言われたことだけをやる作業人」**として扱われるようになります。

とはいえ、とてつもない情報量が入ってくる日々の中で、「いちいち知らない言葉を確認して、理解しながら進める」ことは仕事のスピードを損ね、チーム全体に悪い影響を与えかねません。チームで動く仕事で自分のためだけの時間を取ることで**「迷惑をかけるのでは？」**という恐れがでてくるのも事実です。

もしかしたら「お前全然理解していないじゃないか」と**周りからの評価が下がる**かもしれません。

もちろん、その気持ちや不安もよくわかります。

そんなときは、一度クライアントや上司、会社の視点から考えてみてください。

上司が私に罠をしかけて、あえて厳しい指摘をしてきたように、**「わかっているふり」は、相手から見透かされます。**

もし、自分はうまくごまかしているつもりでも、**「この人、本当にわかっているのかな？」**と相手が少しでも疑問を抱いた時点で、チーム全体のコミュニケーションに支障が生じます。結局は、迷惑をかけることになるのです。

自分自身がチームのボトルネック（推進上の障害）にならないよう、「恥ずかしい」「迷惑かもしれない」という感情から距離を置いて、**「わからないので教えてください」**と

**素直にお願いする**ことが大切です。

上司の指摘によって危機感を覚えた当時の私は、**「自分の疑問点を事前にまとめ、理解のズレを確認する会議」**を上司にお願いして毎週行いました。

これは「徹底的に自分の疑問点を解消する」うえで、極めて有効な手段でした。

仕事の疑問点がある方にはぜひ、試していただきたいと思います。

# 02 「事実」と「主観」を切り離す

仕事ができる人は常に**論理的に考え、客観的な根拠**を求めます。客観的な根拠があることで、人を理解させ、説得し、行動を促すことができるからです。

客観的な根拠とは**「事実」**です。

逆に言うと、事実が明確でないものに対しては、**常に半信半疑の姿勢をとる**のも仕事ができる人の特徴です。

事実をもとにしたコミュニケーションをしなければ、仮に相手を説得できたとしても、**誤った行動に導いてしまう**可能性があります。

あなたも、次のような場面に遭遇したことはないでしょうか？

とある新規の法人営業をしていたAさん。上司の期待を一身に受け、渾身の提案書をつくります。そして意気揚々と提案に向かい、さきほどプレゼンを終え、戻ってきました。

早速Aさんは、上司にプレゼンの結果を伝えます。

「今回の提案内容について、ぜひ前向きに社内で検討し、来週の金曜までに決定するとのことでした！」

上司は喜び、Aさんを称えます。

そして案件を取りこぼすことのないよう、フォローアップの対策や、導入後の体制を整えるように指示を出したのです。

しかし後になって、この案件は頓挫することになり、Aさんは上司から改めて問い詰められました。

そこで次のようなことがわかったのです。

## ・伝えたこと

「今回の提案内容について、**ぜひ前向きに**社内で検討し来週の金曜までに**決定する**」

**・事実**

「今回の提案内容について、来週の金曜までに社内で検討する」

この違いがわかりますか？

事実っぽく伝えているものの、実はAさんの**「こうあってほしい」願望が上司への報告に組み込まれていた**のです。

まず「ぜひ前向きに」という言葉が加わったことで、「相手が好意的に受け取っている」というニュアンスで上司に伝わります。

さらに、「検討する」も「決定する」に変わっていました。

Aさんの希望的観測、つまりは**勝手な想定に沿って、取引先の発言が言い換えられていた**のです。

事実が「実際にあった事柄」であるのに対し、想定は「自分の考えで仮定してみること」です。Aさんは、**事実を事実として伝えていなかった**のです。

事実を伝えることとは、**自己の承認欲求や保身の感情をどれだけ抑えられるか**にかかっています。

たったひとつの言葉であっても、想定で「付け足し」たり「変更」することで、伝わり方は大きく変わってしまいます。

事実を事実として伝えられないと、Aさんの**信頼性そのものが疑われます。**

そして、仕事を任せにくくなり、成長も昇進もできなくなる悪循環に陥るのです。

今回のケースを事実として正しく伝えるのであれば、次のとおりとなります。

「先方のX社の佐藤部長は『今回の提案内容について、来週の金曜までに社内で検討する』とおっしゃっていました。

**私の主観として、**おそらく前向きに社内で意思決定していただけるのではと**考えています**」

**客観的な事実と、自分自身の主観を分けて伝える**ことで、その場にいなかった第三者に状況を正確に伝えることができます。

コンサル時代、よく**「お客様の状況はWord to word（＝一言一句変えず）で伝えろ」**と指導されたものです。

あなたが誰かに情報を伝える際にも相手からの情報を整理する場合にも、**「事実は○○で、私の主観は○○です」**と切り分けることを、ぜひ意識してください。

相手に正確に情報を伝え、正しいアクションを導くことができます。

# 03 価値をだすことに集中する

仕事ができる人は**「自分自身がいま、何に注力すべきか」**に思考を張り巡らせます。逆に言えば**「自分がすべきではないこと」には時間を割かない**よう、徹底して注意するのです。

一方で、仕事ができない人は**「自分がやっていて心地のよいこと」**に時間を割く傾向があります。

仕事における「やっていて心地のよいこと」とは、**自分が得意なこと**（負荷がかからずにできること）や、**確実に進捗が見える仕事**などが該当します。

たとえば、さまざまなＴＯＤＯを抱えている場合、自分の好きな「資料のデザインづくり」からスタートしたり、「経費精算の領収書を貼る作業」などをやりがちです。

しかし仕事ができる人は、まったく逆の発想をもっています。

ここで、私がコンサル時代に衝撃をうけたエピソードを紹介したいと思います。

ある日、クライアント企業への提案書を上司と作成することになりました。提案書を作成するには、業界やクライアント企業を取り巻く状況を把握する必要があります。情報収集をしてクライアントの現状と課題をクイックにまとめ、2日後に会議するという指示を受け、私は急いで準備にかかりました。

あこがれていた上司との仕事でしたので、張り切った私は**できる限り自分の実力を見せたい**と思っていました。情報収集をしながら、特にコンサルのベーシックスキルである資料づくり（当時はPowerPointを活用）に注力し、当日を迎えたのです。

自分として資料の出来栄えはよく、自信満々で画面に投影してプレゼンを開始しました。

ところが、私が意気揚々と話を進めていく中で、上司の顔色はどんどん険しくなっていったのです。

**上司**「西原くんは、この2日間で資料作成にどのくらい時間を費やしたの？」

**私**「だいたい10時間くらいです」

**上司**「なぜ資料をつくったの？」

**私**「資料をまとめてわかりやすく伝えようと思ったからです」

**上司**「じゃあ聞くけど、**わかりやすく伝えるために10時間もかけた**ということで合っている？　YESかNOかで答えて」

**私**「それだけではないのですが…」

**上司**「クライアントの提案書づくりのために、必要な情報が欲しいんだよね。貴重な2日間のうち、西原くんは〝自分がどれだけきれいな資料をつくれるか〟という**自己満足のアピールに10時間も費やした**、と私は思ったよ」

上司「なぜコンサルはＰＣを使った資料づくりのスキルを高めるのか。それは**極限までＰＣ作業に時間を使わない**ためだよ。**僕らの本質は考えること**なんだから」

プレゼンが終わった後、フィードバックをされて私は衝撃を受けました。

元々ＰＣのスキルが低かった私ですが、コンサルタントとして日に日に上達し「わかりやすい資料がつくれるようになった」と自信をもっていたところでした。

しかし、上司からコンサルのあるべき姿として
**「99％の時間を情報収集から得られた示唆を考えるために費やすべき」**

**「共有したい情報はＵＲＬだけ送ったり、プリントアウトして蛍光ペンでハイライトすれば十分」**

と教えられました。

資料にまとめる作業は、**自分が得意なことではあっても、自分がすべきことではな**

**かった**のです。

自分がすべきことをせず、自分が心地よいことばかりに集中し、本来求められている価値を出せなかった、私の苦い経験です。

**時間は有限であり、それをどこに使うかは徹底的に考え抜かなければならない。**

そして、**すべきでないことは捨てる覚悟が必要。**

この経験によって「仕事ができる人」の考え方を知ることができ、大きな学びになりました。

# 04 「不要なもの」を削ぎ落とす

日々「生産性向上」「効率アップ」をうたった多種多様なツールが生まれ、世の中の生産性はどんどん高くなっていきます。

それでも、断言できます。

**世の中の仕事には、まだまだ「無駄が多い」**のです。

仕事が速い人は常に最短で目的達成する思考を持っています。

自分がすべきTODOが明確になったとしても、さらに、**本当に意味のあるTODOかどうかを考え、不要なTODOを削ぎ落とす**ことに時間をかけます。

さきほどの「資料化に価値はない」というエピソードも同じです。

「そもそもリサーチした情報を資料（PowerPoint）できれいにまとめる必要があるの

か？」を私自身が考えておらず、ＴＯＤＯも削ぎ落としていませんでした。**無駄なことに時間を使ってしまい、本来生み出すべき価値が低くなってしまった**のです。

不要なＴＯＤＯを削ぎ落とすために必要なのは

**「どうしたらサボりつつ、求められている成果を出せるか？」**

と自分に問い続けることです。

では、具体的に不要なＴＯＤＯをどう削ぎ落とせばいいでしょうか？

答えは極めてシンプルです。

上司や取引先などの**関係者と一緒に、「不要なもの」を決めればいい**のです。

さきほどの「資料化」のエピソードでは、「リサーチの時間を多くとるために、**きれいに資料をつくらない方がいいのでは**と思いますが、いかがでしょうか？」と、**上司に一声かけることで「資料化する」というＴＯＤＯが丸ごと消えます。**

たった**5秒上司に聞くだけで、10時間が浮く**のです。

取引先でも同様です。

「紙資料は使わずに、**資料投影**でよろしいでしょうか?」

「対面ではなく**オンライン**でよろしいでしょうか?」

など、**ほんの少しのコミュニケーションで、印刷時間や、移動時間などを大幅に削減できます。**

また、資料の中身を作成するなど、複雑な仕事でも同じです。

**資料に必要な目次や内容を、事前に上司と握る**ことで、無駄に考える時間や、資料作成の時間を削ぎ落とすことができます。

## 05 いきなり手を動かさない

私のコンサル時代の同期に、超優秀なAさんがいました。

Aさんは前職の**コンサル会社史上最年少でディレクターに昇進**するほど仕事ができる人です。彼が実際に行っていた仕事のやり方を紹介したいと思います。

新卒向けの研修コンテンツをつくる社内プロジェクトがありました。

「1週間後までに研修コンテンツの概要、および素案を提案してくれ」と上司から依頼をされています。

優秀な同期(Aさん)とともに、他2人(Bさん、Cさん)のメンバーにも同じ依頼が出され、1週間後に出てきた成果物を比較し、よりよいものを選ぶというやり方でした。

そこで目の当たりにしたのが優秀な同期(Aさん)の1週間の時間の使い方です。

BさんとCさんはPCでPowerPointを立ち上げ、1ページ目にタイトルの文字を入れ、研修コンテンツの目次や中身をつくることからスタートしていました。

おそらく、普通はこのように**最初からPCに向かって仕事を進める人**が多いと思います。

一方でAさんは最初に何をしたでしょうか？

研修コンテンツに求められている概要や目次、コンテンツを**A4のコピー用紙**に、**手書き**でなぐり書きしはじめたのです。

そして、**依頼されてから2時間後に、上司と15分程度の打ち合わせ**を始めました。

「粗い状態ですが、今回の研修の**目的**はこうで、**資料の流れは○○**という形で考えています。**この認識であっていますか？**」

彼は第一に、これからつくる研修コンテンツの方向性が、**上司とずれないように握りにいった**のです。

彼はとにかく、自分が作業する内容を限定し、無駄な作業を削ぎ落とすことに注力しました。

その結果、**自分がＴＯＤＯを進めるうえでの「迷い」も削ぎ落としていた**のです。

Ａ４の紙に資料の具体的な内容を起こしては、上司に確認を依頼し、フィードバックを受け、修正する。上司と自分の机の間を何度も往復し、ＰＣでの資料作成は一切しませんでした。

一方で、Ｂさん、ＣさんはずっとＰＣで資料を作成し、つくっては消しての繰り返し。ひたすらきれいな見栄えの資料をつくるばかりで、上司とのすり合わせは行っていません。

そして、最終日の前日、はじめてＡさんはＰＣでPowerPointを開き、４時間程度で資料をつくりました。

当日、プレゼンの結果はどうなったか。

ご想像どおり、Ａさんの研修コンテンツが圧倒的に優秀で、**上司との認識のズレもな**

**く、一発で採用が決まった**のでした。

**とことん無駄な作業を省き、最小の作業で最大の成果を出す**ことを常日頃考え、実行していたAさんは、その後多数のプロジェクトに並行して取り組むようになっても、成果物の品質が下がることは決してありませんでした。

どこに時間をかけるべきか見極め、不要な仕事を徹底的に削除することで、あなたの生産性は著しく高まります。

ぜひ、**「サボって成果を出す」**ことを意識してください。

# 06 シングルタスクに切り分ける

さきほどのAさんの事例でもう一つ特筆すべきことがあります。

彼は無駄な作業を削るだけではなく**「作業単位でシングルタスク化する」**ことも同時に意識していました。

Bさん、Cさんは PCを使い**「考えながら資料を作成する」というマルチタスク**で仕事を進めていたのに対し、Aさんは**「考える作業」、「確認する作業」、「作成する作業」ごとにシングルタスク化**して、それぞれ集中して仕事を進めていたのです。

振り返ってみると、私たちは日々の仕事で、つい「ながら作業」をしてしまいます。

・オンライン会議に出ながら、別の作業をする。

- **資料の中身を考える時間なのに、急に見栄えが気になってレイアウトを整える。**
- **作業中にメールやチャット、SNSなどをチェックしてしまう。**

**仕事が進まない人ほど、作業をマルチタスク化してしまう**傾向があります。それぞれの作業が**「虫食い状態」**になり、どれも完結しないままダラダラ仕事をしてしまう人も多いのではないでしょうか？

考える、つくる、書く、話す、聞くなど、仕事ではさまざまな作業があります。そのとき、同時並行で仕事をこなすマルチタスクよりも、一つ一つの作業を明確に切り離して仕事をする**シングルタスクのほうが集中でき、結果的に仕事も圧倒的に速く終わる**のです。

ＴＯＤＯをシングルタスク化するコツは、「考える作業」、「探す作業」、「ただやる（単純）作業」などの**「作業の性質」や、「頭の使い方」でＴＯＤＯを分ける**ことです。

たとえば、頭が冴えている午前中に「考える作業」を一気にやり、午後イチの眠くなってきた時間は「ただやる作業」をこなし、午後のＭＴＧの時間の合間をぬって、「探す作業」をこなすなどの計画を立てることで、より集中的に作業が進められます。

ＴＯＤＯが思うように進まないという方は、ぜひ取り入れてみてください。

# 07 再現性ある仕組みをつくる

コンサルタント時代、ある日の飲み会で優秀な上司に**「どのようにスキルアップを果たしてきたか」**を根掘り葉掘り聞いたことがありました。

上司がさまざまなスキルアップの話をしてくれたなかで、一番のキーワードとして挙げたのは**「再現性」**です。

日々の仕事の中で、社内外においてさまざまなフィードバックをもらいます。

一方で、**大半のビジネスパーソンはフィードバックを十分に活用できていません。**

日々のコミュニケーションの仕方、取引先でのプレゼンの仕方、資料作成の仕方、飲み会でのお作法など、一度フィードバックをされたのに、次もまた同じ失敗をしている人がたくさんいます。

フィードバックを活かすためには、**「再現性」を生むための仕組み化**が必要なのです。

そのためにぜひ、取り組んで頂きたいことがあります。

上司からフィードバックをもらったら、**自分でフィードバックの改善ポイントを書き、上司に確認してもらう**のです。


具体例は次のとおりです。

**・取引先へのプレゼン後に上司からもらったフィードバック**

「資料の最初に今日のゴール設定は書かれているが、**会議の参加者とゴールが握れていない**。合意できるように」

「会議に初参加で、**議論についていけなかった人がいた**。プロジェクトの背景も簡単に補足する必要があった」

「せっかく資料にメッセージを書いているが、**言葉の補足をしすぎてわかりにくい**」

「プレゼン中に、**参加者からの質問に答えたことで、話の流れの全体像がわからなく**

**なる**場面が多々あった。プレゼンするときはプレゼンをやりきり、議論するときは議論するでメリハリをつけた方がよい」

仕事ができる人は上司からのフィードバックをもらった後に、もう一度自分の頭で考え、次回以降のプレゼンの改善ポイントを抽出し、再現できる仕組みをつくります。

**・改善ポイントと仕組み化**

「資料の最初に今日のゴール設定は書かれているが、会議の参加者とゴールが握れていない。合意できるように」

→本日のゴールを見せ読み上げた後に、**参加者全員に「ズレはないか？」と問いかけて合意を得る。**

「会議に初参加で、議論についていけなかった人がいた。プロジェクトの背景も簡単に補足する必要があった」

→**会議前に初参加の人を確認する。**プロジェクトの**「概要資料抜粋」**を常に定例会議の最終ページ以降に入れておき、**説明する。**

「せっかく資料にメッセージを書いているが、言葉の補足をしすぎてわかりにくい」

→ページをめくったら、**必ずメインメッセージをそのまま読み上げ**、根拠となる内容を説明する。また、そのまま読み上げても伝わる文章にする。

「プレゼン中に、参加者からの質問に答えたことで、話の流れの全体像がわからなくなる場面が多々あった。プレゼンするときはプレゼンをやりきり、議論するときは議論するでメリハリをつけた方がよい」

→資料の2枚目に会議の進め方ページをつくり、**議論はプレゼン後に行う旨を記載して、参加者の合意を毎回取る。**

いかがでしょうか。

このようにフィードバックをもとに対応策を考え、**「これで改善できるでしょうか」と上司に確認する**ことで、フィードバックを仕組み化し、次回から再現するのです。

フィードバックから再現性のある仕組みをつくるコツは、**一度ノートに書き出す**ことです。

ノートの左側にフィードバックを書き、その右に改善ポイントを書くことで、上司にも確認してもらいやすくなりますし、漏れなく仕組み化することができます。

私自身も上司のフィードバックをもらさずノートに書き、**再現性のある仕組みをコツコツと積み上げる**ことで、仕事ができるようになりました。

2 章

# 仕事ができる人の「コミュニケーション」の当たり前

## 01 まずは言葉を定義する

前職のコンサルティング会社では新卒採用のためのグループディスカッション（以下、GD）がよく行われていました。

GDでは学生の皆さんに「お題」を出し、討議の様子を評価して、面接の通過可否を判断します。

ここで実際にあった例をお話ししたいと思います。

とある日のGDは**「日本の笑いを世界に広めるためにはどうしたらいいか？」**というお題で1時間話し合い、1つの結論を出してもらうものでした。

学生は何とか面接を通過したいと思っているので、さまざまな行動でアピール合戦が行われます。司会進行役を買ってでたり、斬新なアイデアをだしたり、他者の論理の穴を突いたりなどです。

あなたが面接官であれば、どのような学生を採用したくなりますか？

実はこのGDを進めるにあたって、**何よりも重要な採用基準**があります。

それは、お題で使われている**「言葉の定義」**をしたか、していないかです。

今回のお題は「日本の笑いを世界に広めるためにはどうしたらいいか？」です。

「それでは、どうしたらいいでしょうか？」と**いきなり解決策を議論しはじめた時点で、ほとんどの場合、失格の烙印を押されてしまいます。**

誰かとなにかを議論するときに、議論が平行線にならないようにするためには「言葉を定義すること」が大前提です。

- 「日本の笑い」とは何か？
- 「世界」とはどこまでか？

### ・「広められている状態」とは何か？

このような観点を忘れて議論をはじめると、ある人は「日本の笑い」とは**「お笑い芸人の漫才」**だと考えるかもしれませんし、別の人は**「伝統的な落語」**のことだと考えるかもしれません。

同様に、**「全世界」**に広めたいと考える人もいれば、**「アジア全域」**に広めたいと考える人もいます。

具体的に考えてみましょう。

たとえば、以下のような提案がされたとします。

・お笑い芸人の漫才を、東南アジアで、ＴＶショーの人気コンテンツにする
・日本の伝統的な笑いである「落語」の公演会を、アメリカの全州で実施する

この2つの解決策(=広めるための活動)は目指す方向性がまったく異なります。言葉の定義を明確にしないことで、人それぞれが思い思いの解決策を提案してしまうのです。

すると、議論に膨大な時間を費やすことになり、結果として無駄が多く、何も進まなくなります。

つまり、**言葉を定義しないと、議論のゴール設定が人によって異なる**ため、正しい解決策を導くことができないのです。

さらには「あの人はこちらの意見を理解しない」など、人の批判につながることもよくあります。

今回の新卒採用のGDでは、**「まず初めに皆さんの認識がずれないよう、今回のお題の定義をしましょう」**という発言が必要でした。

このように言葉の定義を最初にできる人は、選考を通過することが多いです。

もちろん、採用面接だけでなく、**「言葉の定義」はどんな仕事をするうえでも大切なポイントです。**

あなたがコミュニケーションをするときに**「話が進まない」「解決策や問題の考え方がどうもすれ違っている」**と思う場面に出くわしたら、ぜひ改めて「言葉の定義」をしてみてください。人ごとの認識の違いにびっくりされると思います。

**仕事の出発点は「言葉の定義」をすること。**

これをぜひ胸に刻み、「仕事ができる人のコミュニケーション」をしていきましょう。

# 02 「形容詞と副詞」を使わない

ここで、**「あいまい」な言葉を排除する簡単な原則**を紹介します。

**・大原則→形容詞と副詞を使わない**

次のような言葉を使った瞬間、「あいまい」という悪魔が現れ、仕事の生産性が下がってしまいます。

すごい　たくさん　非常に　とても　もっと　かなり　極めて　ずいぶん
大変　よほど　はるかに　すぐに　ときどき　たまに　しばらく
まあまあ　そこそこ　新しい　古い　大きい　小さい　高い　安い　低い　長い

**短い　早い　遅い　広い　狭い**…など

これらの言葉を会議や日々の仕事で使うことはたくさんあると思います。

形容詞や副詞は「程度」を示すにはもってこいの言葉です。

しかし、**人と人の認識の齟齬《そご》を最も生む言葉**でもあります。

「できる限り早く見積もりを出して」

「なるべく低い価格設定にしよう」

このような発言が、認識の齟齬をもたらします。

「**できる限り早く**」は、上司にとって「**今日中**」でも、部下にとっては「**今週末**」かもしれません。

「**なるべく低い**価格設定」は、上司にとって「**自社の既存商品の最安値**」で、部下にとっては「**量販店の最安値**」かもしれません。

その場では会話が成立しているように見えても、形容詞や副詞を使ってしまったら、実は「**何も決まっていない**」と心得るべきです。

もし、あなたの上司が形容詞や副詞を使ったら**「具体的にはどういったことですか？」と質問する必要があります。**

私もコンサル時代に、上司から教育のために、積極的に罠を仕掛けられたことがあります。

「明日のX社の提案資料は、**普段より多め**に用意しておいて」と上司に言われ、私は間髪を容れずに「わかりました！」と返答しました。

しかし、すぐに「**何がわかったの？**」と大激怒されました。

「多め」と言われても「15部でいいのか？　それとも20部必要なのか？」と、**実際に用意すべき部数はわかりません。**

この時点で認識の齟齬が生まれていることを、見落としてしまったのです。

私は「多めとは、普段の倍の20部の用意でよろしいでしょうか？」と**具体的な数を提案し、確認しなければいけなかった**のです。

このとき、上司から胸に刺さる言葉を言われたのを今でも覚えています。

**「おまえは人の話を聞いていない」**

私はそれまで「コミュニケーションは得意」だと自負がありました。
しかし、仕事をするうえで**「人の話を聞く」とは「認識の齟齬をなくす」こと**なのです。
そこからスタートしなければ、コミュニケーションは成立しないと教えられました。

もちろん、「具体的な数字をいちいち確認しなければならない」となると、人との関係値（例：上司や部下、取引先、パワーバランスなど）によっては**「怒られるかもしれない」「聞きづらい」**という感情が芽生えることもあります。
そんなとき、私は上司から**「私たちは対価をもらい仕事をしているプロフェッショナルだ」**と滔々《とうとう》と説かれたことを思い出します。

プロとして当たり前の仕事をするためには、自分の感情をコントロールして**「あいまいさの排除」を徹底することが必要**なのです。

ぜひあなたも**「あいまいな言葉を一切排除する」**というマインドセットでコミュニケーションに臨んでみてください。

どれほどあいまいな言葉があふれているかに気づき、**仕事の世界観が変わります。**

# 03 上司に答えを聞かない

さきほど、部下から上司への質問例を書きました。

ここでぜひ、あなたにお伝えしたいことがあります。

それは**「どうしたらいいでしょうか？」と聞くのは厳禁**であるということです。


**「お前さんはどうしたい？」**


これは、コンサル時代の上司に、私が散々言われた言葉です。

何を質問するにしても、**「自分はどう考えているか」を相手に伝えたうえで、答えをもらうようにしろ**と口酸っぱく指導されました。

なぜ「どうしたらいいでしょうか？」が厳禁なのか、解説します。

### 1：相手の時間を奪い、迷惑になる

「どうしたらいいでしょうか？」と質問すると、たいてい相手は困ります。

それは**「何について答えればいいか」を探るための時間が必要になる**からです。相手にストレスを与え、しかも相手の時間を奪ってしまいます。

### 2：思考を放棄している

すべての解決策を相手に委ね、思考を放棄していると思われます。**「自分の考えがない人＝仕事で価値を生めない人」**とみなされてしまうのです。

### 3：ギャップがわからないから成長しない

**「自分の考え」を「上司の考え」にぶつけることで、思考の差分（ギャップ）がわかります。**その結果、上司と比べて**自分に何が不足しているか**が明確になるのです。

「自分の考え」を投げなければ、「何がOKで、何がNGなのか」上司の考えが永遠にわからず、成長できなくなってしまいます。

つまり「どうしたらいいでしょう？」と聞く人は、「指示待ち人間」になってしまうのです。そして、指示待ち人間は**「作業だけを振り、頭を使う仕事は与えない」**という悲劇のマネジメントをされることになります。

結果として、上司からも取引先からも頼られず、必要とされなくなってしまいます。

「仕事を任せられる人」になるには、とにかく**「自分の考え」を相手に伝えることが一番大切**なのです。

図2　上司と自分とのギャップをなくす

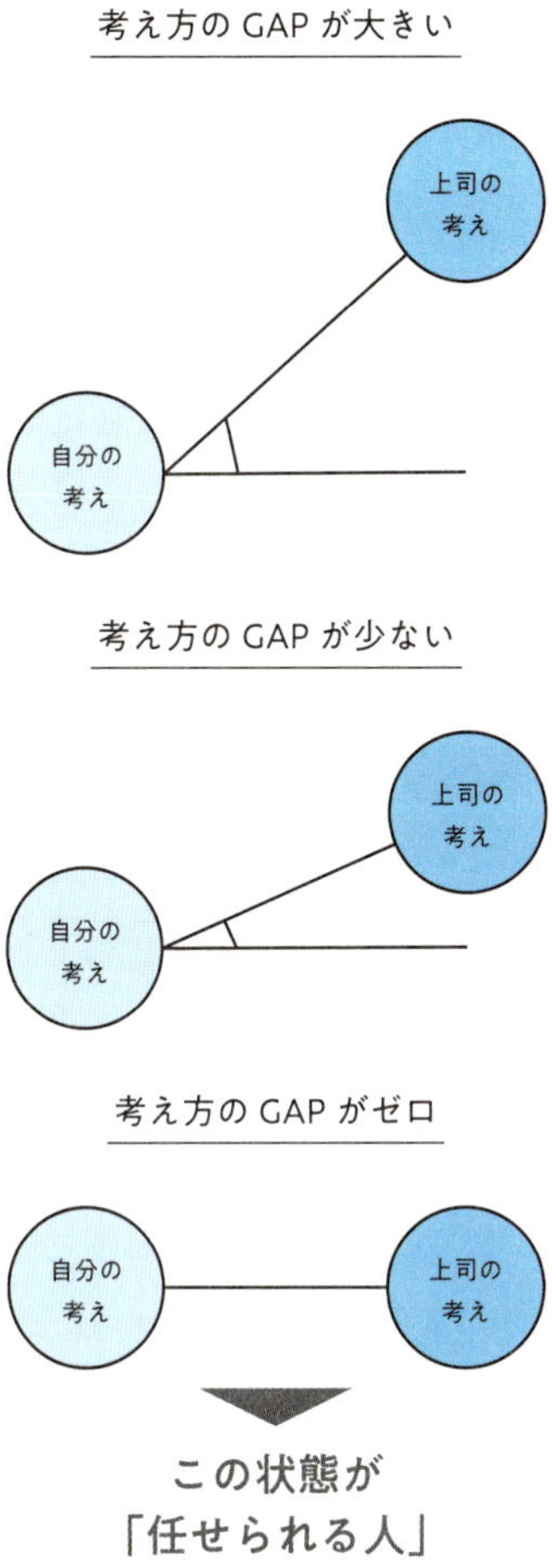

# 04 5つの「ない」を守る

「仕事ができる人」を目指すうえでは、そもそも社会人の基本を押さえておく必要があります。ここでは、特に**社会人1〜3年目の人に向けた心構え**をお伝えしていきます。社会人経験が豊富な方は、ぜひ復習の気持ちで目を通してください。

牛乳屋の2代目として7年が経過したころ、前職のコンサルティング会社から「新卒に向けて何か話してほしい。好き勝手に話して構わない」というオーダーを受けたことがあります。そのときにお話ししたのが、次の内容です。

コンサル会社の新卒は入社から数ヶ月で驚くほどたくさんの研修や膨大なインプットを積むことになります。

そんななかでも、**絶対に忘れないように超簡潔に仕事の大原則**を語ろうと私は思いました。

そして、**新卒が絶対してはいけない5つの「ない」**を定義したのです。

## その1：わからない言葉をスルーし「ない」

まず学生時代から大きく価値観を変えなければならないのは、**「わからない」と伝えると逆に評価される**ことです。新卒の「わからない」は恥ずかしいことでもなんでもありません。

むしろ**「正しく理解しようと努めている」**表れだと認識してください。

新社会人は、わからないことが当たり前です。学生から社会人になり、仕事の作法から会社の業務内容、取引先とのやり取りまで、一から学んでいきます。

そのとき、**一番やってはいけないことは「わかったふり」をすること**です。

その結果、取引先に大きな迷惑をかけたり、社内業務でチームメンバーに迷惑をかけることになります。

理解していないと思われるのが恥ずかしい、怖いと思わず、わからないところは「わかりません」と相手に伝えられるかどうかが、一番大切なのです。

## その2：答えを当てに行か「ない」

次にやってはいけないのは、**上司が喜びそうな答えを当てに行く**ことです。

仕事の成長において一番大事なことは、**自分が考えた最善の答えを上司にぶつけること**です。ここで初めて上司の考えと自分の考えのギャップがわかります。

自分の頭で考えた答えを相手にぶつけることで、自分の力不足や、視点の違いを学ぶことができるのです。

上司の顔色を窺《うかが》い、上司が望む答えを当てに行く人は、まわりの評価や相手の目を気にする作業人になってしまいます。

## その3：同期で群れ「ない」

社会人にとってまったく必要のないことが、同期で群れることです。

会社は仕事をする場です。同期で飲み会を頻繁に開催し、仕事の悩みや上司の愚痴を言い合うことでストレス発散するのは、たしかに気持ちのいいことでしょう。

しかし、**同期は自分と同じ視座（＝物事を見る視点）しか持っていません。**

結局は傷の舐め合いやマウント合戦になって終わりです。

できる限り、**自分と異なる視座を持つ人と接点を多く持ってください。**それがあなたの学びとなります。

## その4：陰口を叩く人の近くに行か「ない」

陰口を言う人に、絶対に近づいてはいけません。

人間は共感が大好きです。特に**ネガティブな他者批判や噂**を好みます。

カフェや飲食店でも「〇〇さんが超うざくて〜」みたいな話で盛り上がっている席をよく見ます。

全員が共通でネガティブに批判できる話題は、その場にいる誰も傷つきません。

だから楽しくて仕方がないのです。

ただし、その場の**同調圧力で話にあいづちを打つだけ**でも「〇〇さんも言っていた」と同じ**陰口グループの一員**にされます。

結果、あなたの評判を下げるだけでしょう。

## その5：笑顔を絶やさ「ない」

「その1」でも触れましたが、最初はわからないことだらけです。

裏を返せば**入社初日からいきなり価値を発揮できる人はいない**のです。

できる限り吸収し、いち速く成長するためには、社内外問わずさまざまな人から学ぶことです。そして、多くの人と関わるうえで大事なのは**「笑顔」でいる**ことです。

自分はできない、大変だ、困っている、と落ち込んだ姿を見せる方がよくいますが、それは**「相手に気を遣わせる」困った人**です。相手に制約を強いて、扱いづらい人になってしまいます。

どんなときでも、笑顔を忘れない。それがあなたを助けてくれることでしょう。

# 05 昭和的ビジネスマナーを守る

Z世代、オンライン化、SNS時代、働き方改革、○○ハラスメントなど、「令和時代」に共通するキーワードがいくつも生まれています。

特に顕著《けんちょ》なのは**「より働きやすい世の中」**へ向かう時代の流れです。もちろん、それ自体は当然のことで、私もすばらしいことだと思っています。

一方で認識しなければならないのは、**全労働人口の実に75%（4人に3人）が「昭和世代」**ということです。

4人に3人が昭和世代である事実を前提に、仕事のしかたを考えなければなりません。

昭和世代と大きく異なるにもかかわらず、令和世代があまり指摘をされないのが**「ビ**

**ジネスマナー」**です。気になる部分があっても、ハラスメントを意識して、上司はなかなか注意できません。

たしかに、形式ばかりで無駄なビジネスマナーもあると思います。

しかし、**マナーの基本は礼儀であり、相手に対する敬意**です。それは、令和も昭和も変わりません。

コロナ禍で圧倒的にデジタル化が進み、オンライン会議が当たり前の時代。

クライアント先を往訪する回数も少なくなり、名刺のやり取りすらないまま業務が進むこともざらです。ビジネスマナーが求められる機会は減り、結果として学ぶことも教えることも難しくなっています。

## ・形式的な礼儀

そこで、昭和世代が重視する基本的なビジネスマナーを以下にまとめました。

挨拶やお辞儀、名刺交換などの**形式**が厳格に守られている。**上下関係や礼儀作法**が重要視されている。

**・対面コミュニケーション**

直接会って話すことが信頼関係構築の基盤とされる。**顔を合わせる**ことで誠実さや信頼感を伝える文化が根づいている。

**・言葉づかい**

敬語や丁寧語の使い方が厳格に守られている。**言葉づかいが相手への敬意を示す**重要な手段と認識されている。

**・時間**

**時間を守る**ことや**5分前行動**などが**信頼の証**とされている。特に時間に対する厳格な意識が広く浸透している。

# 06 根拠ばかり求めない

ビジネスマナーを守るのは、社会人の基本だと思う方が多いと思います。

しかし、**ビジネスマナーを指摘するのは難しい時代**です。

とある企業から講演の依頼を受け、登壇したときのことです。企業の担当者は昭和世代の課長職の方（Aさん）でしたが、実際の登壇で司会役を務めたのは令和世代の方（Bさん）でした。

**「ってか司会初めてだし、なにすればいいかわかんないんすけど！」**

一発目に司会役のBさんに、私が言われた言葉です。

お互いの名刺交換もせず、初対面でいきなりこの言葉を投げかけられた私は、あまりの驚きにフリーズしました。

ただもっと驚いたのは、その場に昭和世代の上司が6名ほどいたにもかかわらず、**誰もBさんに対して注意せず、黙って見ていた**のです。

その後も「今日のテーマって何でしたっけ？」や「私うまくしゃべれないんで、お任せしま～す」などと言われ、当惑し、憤りに近い感情を覚えました。

とはいえ、講演時間が迫る中でメンタルを整え、無事90分の講演は終了しました。

講演会終了後、課長のAさんがすぐに走ってきて、こう話したのです。

「西原さん、大変すみませんでした。Bはいつもあんな感じで、ご迷惑をおかけしたと思います。実は最近社内で**マナーについて注意**したところ、**ハラスメント**だと言われ左遷された者がおりまして。我々も中々注意できずにいるんです……」

私はその話を聞いて「日本は終わった」と思ってしまいました。

今回の大きな問題はBさんの発言ではなく、**誰もそれを注意や指摘ができない環境**に置かれていることです。

なぜビジネスマナーを注意できないのでしょうか。

それは、ロジックや根拠が不明確だからです。

たとえば「挨拶はもっと笑顔でした方がいい」と注意しても「なぜもっと笑顔にした方がいいんですか？」という質問に対して、**明確な根拠を示すのは意外と難しい**ものです。

「その方がよいから」や「今までそうやってきた」という主観や過去の経験に基づいたアドバイスしかできないことがほとんどです。

これは私の主観ですが、特に令和世代の方は仕事を進めるうえで**「より効率的に行いたい、無駄を省きたい」**という思いが強く、**業務に根拠を求める**ことが多い傾向にあります。

つまり根拠のある注意や指摘をされないと、令和世代のビジネスマナーは改善されません。

一方で、4人に3人が昭和世代です。その場で指摘がされず、改善の機会もないまま**「あの人はビジネスマナーがなっていない」と評価だけ下がってしまいます。**

これでは、誰も得しません。

では一体どうすればマナーのように根拠が明確でない事柄でも注意や指摘をすることができるのでしょうか？

実は、超効果的な解決策があるのです。

# 07 そのままの感情を伝える

仕事の仕方や業務内容の指導は、根拠が明確に示せるため問題ありません。

しかし、**「ビジネスマナー」**や**「仕事への姿勢」**といった**根拠が示しにくいもの**は、指導が難しいものです。

もし指導のやり方を間違えると、ハラスメントになる危険性もあります。

そこで、私が日々実践している指導方法をお伝えします。

**・自分の感情だけをそのまま伝えること**

これが最も効果的です。

根拠を示す必要はありません。あくまでも自分がどう感じたかを、相手に伝えるだけです。

これだけで、**相手が主体的に考える**ようになります。自分の感情を伝えているだけなので、相手に押し付けているわけでもありません。

たとえば、取引先に同行している部下が、取引先に対して失礼な発言をしたとします。

打ち合わせ終了後、あなたは部下に対してこう言えばいいのです。

「さっき、君が大切なお客様に発言した○○という言葉を聞いて、**私は悲しい気持ちになったなぁ**」

これだけです。あくまでも自分はどう感じたかという主観を話しているにすぎません。

ここで大事なことは、「自分の発言や行動で、目の前の上司が悲しい気持ちになった」事実を相手に伝えることです。

**「自分が目の前の人を悲しませた」**という事実そのものが、部下を改善させるきっかけとして効くのです。

もし「○○○と発言してはダメだ」と頭ごなしに否定すると、「なぜ、○○○という発言をしてはダメなんですか？」と返され「それは失礼だから」と返すしかなく、「なぜ、失礼にあたるのですか？」と**不毛な押し問答**に巻き込まれます。

結果的に、部下は上司から根拠のないことを**「強制されている」**と認識し、最悪の場合、ハラスメントに発展してしまう可能性もあるのです。

# 08 自ら指摘を求める

さきほどは昭和世代の上司の視点からお伝えしましたが、令和世代の部下の視点からも伝えたいことがあります。

前述の通り、昭和世代の上司はハラスメントを意識し、さまざまな規則や規定に縛られ、部下とコミュニケーションをしています。そして、この流れはどんどん加速します。

できる限り部下を丁重にあつかい、あえて言い方を悪くすれば**「腫《は》れ物に触る」**ような接し方になるかもしれません。

その結果、昭和世代が得ていた**フィードバックの機会が、どんどん減少**していっていることを肝に銘じてください。

さきほどのBさんのケースでも、本当にかわいそうなのはBさん本人です。

フィードバックの機会を得られないので、ビジネスマナーが身につかないまま年齢だけを重ね、いつまでも社内外から信頼を得られません。
転職をしても**「こんなこともできないのか」**とまわりに思われ、仕事の機会を喪失するリスクさえあると思います。

だからこそ、令和世代がやるべきことは**「自分でフィードバックの機会を得る」**ことです。

令和世代に限らず、昭和世代でも、仕事で何かを学びたい人には今後必要になる態度です。


**「自分の日々の行動で改善すべきこと、指摘したいことなどがあれば言ってほしい」**と、上司やまわりのメンバーにフィードバックを求めてください。

それを自分でストックし、再現性を意識しながら改善していきます。

社員を大切に思い、ハラスメントを防止する会社はもちろんいい会社で、それを否定するつもりはまったくありません。

しかし、残念ながらそのような**「いい会社」ほど、率直なフィードバックの機会は減少する**でしょう。

部下が自らフィードバックを求めていれば、上司も**心理的安全性**（＝本人がフィードバックを期待しているので指摘してもいいという安心感）が得られ、**厳しくも正しいフィードバック**をすることができるのです。

もし、ビジネスパーソンとして成長したいと思うならば、自分でフィードバックの機会を得ることを実践してください。

3 章

# 仕事ができる人の「チームワーク」の当たり前

# 01 「悪い知らせ」を最初に伝える

本章では仕事ができる人のチームワークについてお伝えします。
まずは、チームで仕事に向き合ううえで大前提となるポイントをまとめてみました。

**①Bad News First／Fast（バッドニューズファースト）を徹底する**
＝「悪いことから先に伝える」を心がける

**②相手の期待を言語化し、合意するよう自ら動く**
＝ゴール設定に時間をかけ、相手が求めていることを言語化する

**③仕事をする前に「無駄を省くための仕事」をする**

＝「できる限り最短距離で達成する」ための作業を厭わない

**④レバレッジ（てこの原理）の最大化を考える**
＝自分1人の作業ではなく、他人やツールを最大限活用する

まずは「Bad News First／Fast（バッドニューズファースト）を徹底する」について解説します。

**「悪い知らせほど、いち早く、最初に相手に伝える」**

仕事ができる人は、この大切さを誰よりも理解しています。理由は明確で**「改善策をすぐに打てる」**からです。

取引先のクレーム、社内システムの停止、契約の頓挫など、仕事における悪い知らせ

を上げたらキリがありません。

それなのに、**悪い知らせを伝えずに、よい知らせばかり**を伝えたあげく、最終的には**どうしようもないほど大きな問題になっている**、という状況はよく発生します。

たとえば「大切な商談の日に、目覚めたら商談時間10分前だった」という血の気の引くような状況を思い浮かべてください。

取引先にも上司にも怒られることは必至です。連絡するのは嫌ですよね。

いっそのこと、今日はこのまま休んでしまい「体調が悪すぎて1日中寝込んでしまい、連絡もできなかった」と事後報告で済ませたくなるかもしれません。

しかし、**悪い知らせをすぐに言えない人は「自分の感情を優先するエゴイストだ」**と見なされます。「怒られるかもしれない」という自分の恐れを優先して、自分がいつ到着するか伝えないのは、**自分本位な考え方**だからです。

一方で、すぐに寝坊したことを伝え、到着時間を共有すれば、上司に**余計な心配**（例：

事故に巻き込まれたなど）をさせずにすみます。

上司は商談前のわずかな時間に、資料の準備や、お客様への説明などの**「対策」を打つことができる**のです。

つまり、Bad News First／Fast（バッドニューズファースト）の徹底は、**関係者への被害を最小化する**ことにつながります。

また、悪い報告をいち早く伝えることで、自分の信頼を高めるきっかけになります。

自分の気持ちを優先せず、**会社視点で考えることができる**と認められるからです。

「悪い状況」には誰しも陥ります。

しかし、**言い訳をせずに悪い知らせを伝えられるかどうか**で、あなたの仕事人生が変わるのです。

「悪い知らせほど、いち早く、最初に相手に伝える」

これは絶対に守るべき大切な心構えですので、ぜひ徹底してください。

# 02 相手の期待を言語化する

本書のなかで、繰り返しお伝えしてきた心構えです。

**・相手の期待を言語化し、合意するよう自ら動く**

常にゴールからの逆算思考で**「この業務は何が終わったら終わりなのか」**を合意するように**「自ら」**動きます。この「自ら」という点が大きな特徴です。

私は企業の社員研修を担当することがあります。そのなかで、現場の社員から「いま自分が何をすればいいかわからない」「このままで成果がでるのか不安」「ルーティン業務ばかりしていていいのか」と不安の声を聞くことが多々あります。

たしかに、上司はきちんと部下とコミュニケーションを取り、業務を指示したり、成果を出すまでの道筋や活動のレビューをする必要があります。

しかし一方で、部下である現場の社員は、**ゴールや仕事の目的の設定が「他人任せ」になりがち**です。

仕事ができる人は**「誰かからの指示を待つ時間がもったいない」**と考えます。

そのため、業務のゴールや成果の出し方について、上司や関係者と合意するように「自ら」動きます。

また「どうしたらいいですか？」と答えを求める姿勢ではなく、**「こうしたいのですが、いいでしょうか？」**と自らの案を持って相手とコミュニケーションを取るのも特徴です。

もし、日々の業務の目的があいまいになり、充実感のない仕事になっているならば、「相手の期待を言語化し、合意するよう自ら動く」をぜひ実践してみてください。

さらに仕事ができる人は、実際の作業に取り掛かる前に「無駄を省くための仕事」を惜しみません。たとえば次のように考えます。

**そもそも、**この作業はきれいに資料化する必要があるか、それとも、チャットに箇条書きでいいか？

**そもそも、**○○社の提案資料をゼロから作らずに、過去の提案資料データを見つければ作業時間が短縮されるのではないか？

**そもそも、**上司と他部署含めた5人での日程調整に時間がかかっているので、自分と上司の2名だけで日程調整してはだめか？

このように、無駄を省くためのコツは**「そもそも」**という言葉です。

「そもそも」という視点で業務を改めて見直し、必要のないことはサボってしまう。

いかに手間をかけず、効率的にゴールを達成するかが重要なので、ぜひ実践してみてください。

# 03 頼ることを諦めない

最短で目的を達成するためには、自分1人の力では限界があります。**1人の力より、3人の力の方が同時進行でさまざまなことができる。**これはどんな人でも共通の見解だと思います。

一方で、世の中には「人に頼ることが苦手」という方も多くいます。

私のもとにも**「どうすればうまく人を頼ることができるか」**という相談が数多く寄せられています。

ここでは、仕事ができる人の「頼り方」をお伝えしていきたいと思います。

あなたの周りにも、効率よく人に仕事を振って、うまく回している上司や同僚がいると思います。しかし、頼るのがうまい人や、仕事を振るのがうまい人の真似をしても、なかなか同じようにはできません。もはや天性の才能なのではないかと思うほどです。

私もご多分に漏れず、誰かに何かを任せることが苦手でした。

しかしプロジェクトで後輩がつくようになると、うまく仕事を割り振り、任せていかなければ仕事が回りません。

上司にこの悩みを打ち明けると、上司はホワイトボードに図を描きながら、次のように教えてくれました。

「最初から人に頼ったり、仕事を振るのがうまい人はいない。**大事なことは頼ることを諦めないこと**」

「頼りベタのほとんどの人が、**自分がやった方が速い**からと考え、頼る経験を積んでいない。その結果、自分の首を絞めている」

「人を頼る人」は、短期的には「自分でやる」よりも成果が落ちるものの、**時間が経てば経つほど、人に任せるのがうまくなり、出せる成果も大きくなっていきます。**

将来的に、「頼れない人」との差が圧倒的に大きくなるのです。

短期的に成果を出すのか、将来的に成果を多く出すのか。

これが**プレーヤーとマネジャーの違い**だと、上司から伝えられました。

図3　人に頼る人と頼らない人の成果曲線

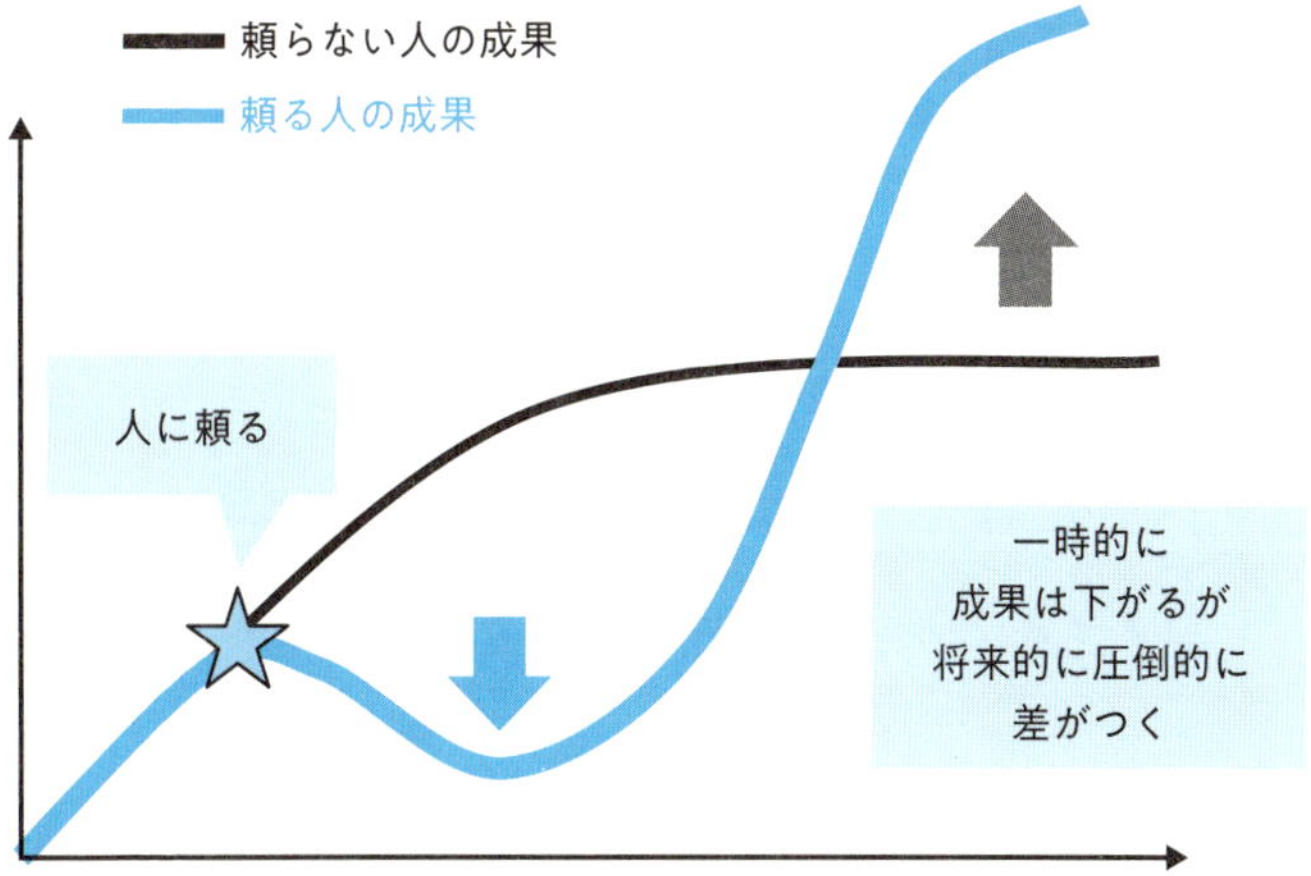

# 04 仕事を「階段」にして渡す

頼るのがうまい人は、相手が**「何をどこまでできるか」を把握**し、TODOを分解して渡すのが上手です。私はよくこれを「階段」と呼んでいます。

たとえば、新サービスの資料をつくるTODOがあったとします。

もし、自分がやりたいことを誰かに伝えて丸投げし、出てきたものを確認するだけでうまくいけば、苦労はしません。

しかし、組織で働く人は、みな能力がバラバラです。

資料の中身を考え、作成する作業まで一気通貫でできる人もいれば、資料作成のためのPC作業が苦手な人もいます。また、情報収集は得意でも、プレゼンの流れを組み立てるのは苦手な人など、人によって得意不得意はさまざまです。

TODOを達成するためには、**個々人の特性に合わせて「誰に」「何を」「どの段階」で「どこまで頼むか」を階段のようにつくる**ことが必要なのです。

私自身が経営する牛乳配達会社では、多様な人材が働いています。

主婦から社員になったメンバーもいれば、新卒で入ったメンバーも、65歳以上のシニアメンバーもいます。

得意・不得意やそれまでの経験値もさまざまなメンバーに、適切に仕事を割り振るためにはまさに「階段」づくりが欠かせません。

とはいえ「その人がどこまでできるか」は、やって

図4　仕事を階段にして渡す

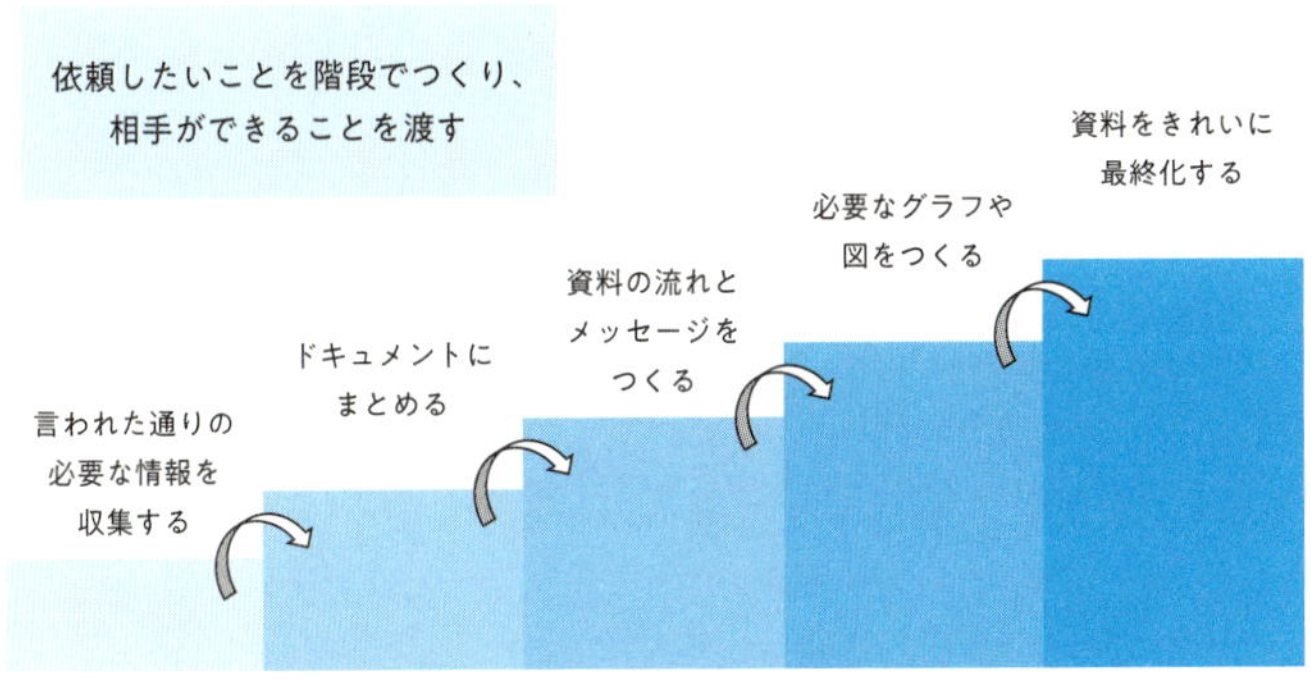

みないとわかりません。

大切なことは、**まずは頼って仕事を振ってみる**ことです。頼んだ仕事が全然できなくても、あるいは9割できてしまっても、結果は重要ではありません。

人に頼るときによく起こるのが**「できなかったことに落胆する」**です。相手に過度な期待を寄せ、できなかったら残念に感じてしまう。その結果、「任せても時間がかかるから、結局自分でやった方がいい」と「頼れない人のループ」に入ってしまいます。

最初に人を頼ることの目的は、**「どこまでできるか」を確認する**ことです。

もし相手が自分の予想よりもできなかったとしても、「どこまでできて、どこまでできなかったか」の差分がわかります。

その差分をもとに、**次回からは適切な仕事を任せていけばいい**のです。

だからこそ、人に頼るときはどのような結果になっても**「ありがとう」**と伝えるマインドセットが最も大切になります。

過度な期待はせず、まずは階段をつくり、人に頼ってみてください。

# 4 章

# 仕事ができる人の「TODO」の当たり前

# 01 「今週やるべきこと」を明確にする

会社員にとっての仕事とは、個人に割り振られた**「やるべきこと」**です。

各人がやるべきことをやった結果、売上や利益に反映され、会社が回るようになっています。

やるべき仕事が明確に決まっている人もいれば、**「何をやるべきか」を自分で決める必要がある人**もいます。

しかし「何をすればいいのか?」と考えるばかりで、**やるべきことがあいまいなまま**では、いつの間にか時間ばかりが過ぎて**「気がつけば週末」**になってしまいます。

仕事人生を充実させるために一番大切なこととして、私がいつも社内外の人に伝え

ることがあります。それは、

**「今週何をどこまでやれば、自信を持って休日に入れるか」**

ということです。

やるべきことをやりきり、**充実感を持って休日を迎える**ことができれば、圧倒的に幸福度が高くなります。未消化感を抱えたまま週末を迎えることほどの悲劇はありません。

しかし、企画やマネジメントなど**「具体的に何をやればいいか」がわかりづらい仕事**を担当するようになると、**「一体自分は何をしているのか」という自己嫌悪**にさいなまれ、充実感も下がってしまう傾向があります。

複雑性が高く、影響範囲も広い仕事(例：マネジメントなど)は、「ここまでやればいい」という**仕事の切れ目**がわかりづらくなるからです。成果が明確に現れるものでもありません。

同じように、**結果が数字で測りづらい**バックオフィスの仕事などにも、不安に苛まれる場合は多くあります。

仕事の充実感を高めるために、やるべきことは非常にシンプルです。

**「『今週、何を終わらせれば、やりきったことになるか』を上司と部下で毎週お互いに確認すること」**です。この当たり前の確認が、本当に大切です。

「今週の活動で期待すること」を部下と上司で確認し合うとは**「お互いのゴールを握ること」**です。そして、ゴールに到達するための活動（ＴＯＤＯ）までお互いに確認し合うことで**「やるべきこと」を一気に明確化**できます。

ゴールを握り、ＴＯＤＯが明確となり、それを実行できた場合、次のような効果が期待できます。

- 気持ちよく休みに入れる（やりきった充実感を得られる）
- 自分が会社に貢献していると心から実感できる

### ・上司から評価されやすくなり、自分の周りの環境も良くなる

自分でＴＯＤＯの明確化をするだけでなく、**明確化した後に上司と握る。**

逆に上司は部下のＴＯＤＯを確認し、自分が期待している活動と齟齬がないかを確認する。

この活動を組織内に広めることができれば、全体の充実感も高まり、より成果に結びつく組織へと成長できます。

次のページから「ＴＯＤＯの明確化」について具体的な方法をお伝えします。

# 02 実行できる単位まで分解する

**「コンビニで牛乳を買ってきて」**と依頼されたら、あなたはどうしますか？

当然、言われたとおりにコンビニに行き、牛乳をピックアップしてレジに並び、買って帰ると思います。

では**「来年度の新卒採用プランを考えて」**と上司から依頼された場合はどうでしょうか？

言われたとおりに「考えた」だけでは、仕事を達成したことになりません。

前者の「コンビニで牛乳を買ってきて」では、依頼＝ＴＯＤＯになっています。

一方で、後者の「採用プランを考えて」は、**依頼がそのままＴＯＤＯにはなっていない**のです。

この大きな差は**「ＴＯＤＯを実行できる単位まで分解できるかどうか」**に他なりませ

ん。

「コンビニで牛乳を買ってきて」という依頼は、図のようにTODOの分解が無意識にできてしまいます。そのため、いちいち考えなくても「一つのTODOの単位」として実行することが可能です。

一方で、「新卒採用プランの作成」はどうでしょうか？

過去に同じような経験がある人や、採用のプロフェッショナルでもない限り、**TODOとして実行可能な単位まで無意識のうちに分解するのは難しい**と思います。

そして、仕事では「無意識のうちに分解できな

図5　コンビニで牛乳を買うTODOの分解

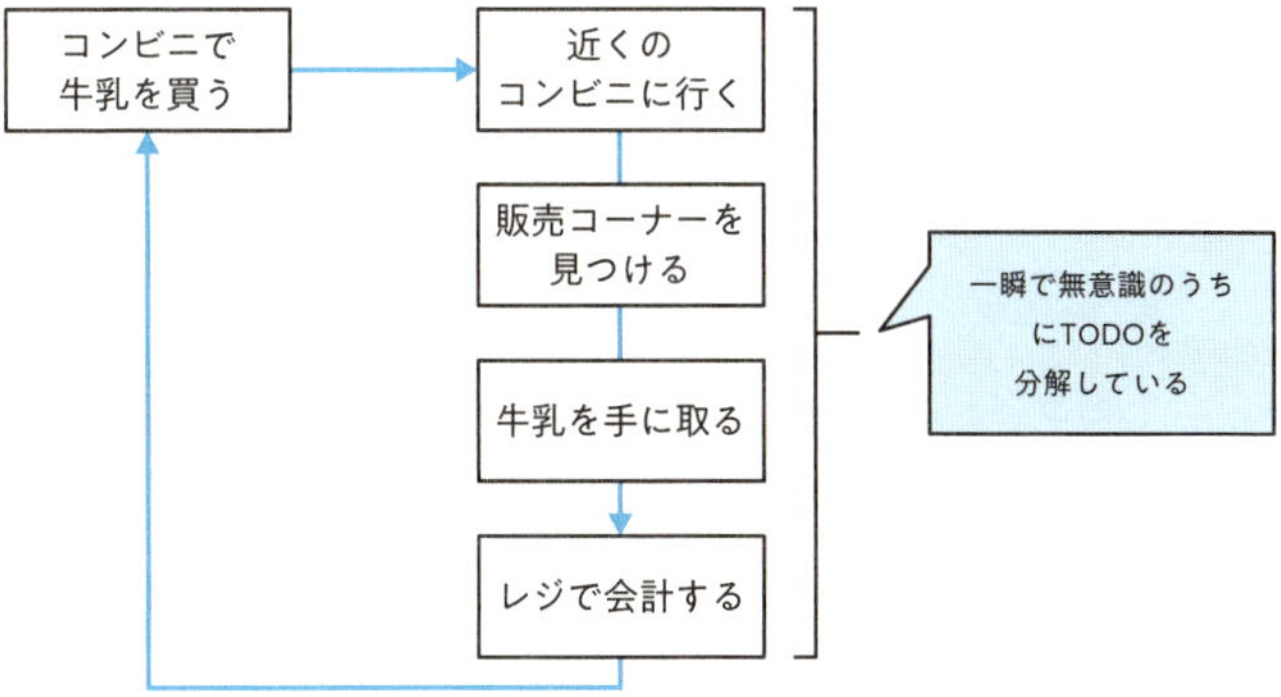

い」ことを依頼されるケースがほとんどです。

つまり、仕事を「実行可能な単位まで分解できるかどうか」が、仕事ができる人とできない人を分ける分岐点となります。

それでは、**仕事を実行可能なＴＯＤＯへと分解するステップ**を具体的に解説します。

「来年度の新卒採用プランを考えてほしい」と言われたあなた。

やるべきことが具体的にイメージできていない仕事に対し、どのようなステップを踏めばＴＯＤＯへと分解できるのでしょうか？

仕事を分解するためには

図６　採用プランを考えるTODOの分解

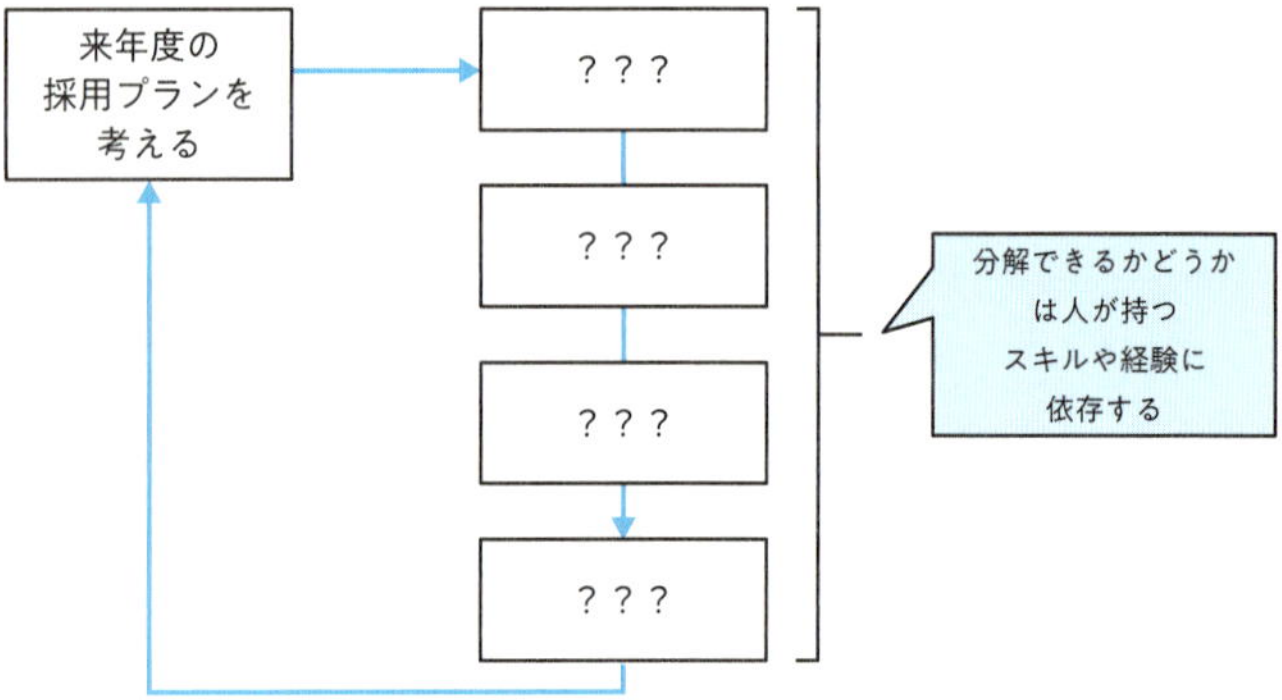

①最終のゴールを握る
②道筋をつける
③ＴＯＤＯを実行する

の3ステップが必要です。次のページから、それぞれ説明していきます。

## 03 最終ゴールを設定する

ＴＯＤＯを実行して、最終的にどのような成果物ができればいいのか。

この**「最終ゴール」を確認する**ことが、あらゆる仕事のスタートです。

ゴールが不明確なまま作業をはじめると、「何をどこまでやったらよいか」がわからずＴＯＤＯが重複したり、「やっても意味のない作業」がでてしまいます。

最初にゴールを明確にして**「常に逆算で考える」**ことで、あらゆる仕事の無駄をなくし、効率的に作業を進められるのです。

では、その「ゴール」はどのように握ればよいのでしょうか？

引き続き「来年度の新卒採用プランを考えてほしい」と上司から依頼されたケースを

考えてみましょう。

そもそも**「採用プラン」という言葉はあいまい**で、人によって解釈が異なります。採用人数、予算、採用媒体の選定、採用スケジュール、採用専用サイトの改修、選考フローの改善……。

「採用プラン」として何をどこまで考えるべきなのか、選択肢は多岐にわたります。

また、**「考えてほしい」も注意すべき言葉**です。

自分が考える素案を上司に提案すればいいのか、それとも全社に展開できるところまできれいにフォーマット化すればいいのか……。

「考える」という依頼だけでは、具体的に求められることがわかりません。

今回の依頼は、**ゴール設定次第でTODOのボリュームも大きく変わる**でしょう。

しかし、心配する必要はありません。

次の4つの問いで「あいまいな仕事」のゴールを効率よく確認することができます。

**1：成果物の中身は具体的に何か？**
**2：どのようなアウトプット（成果物の形式）がよいか？**
**3：いつまでにできていればいいか？**
**4：どのようなステップで進めればいいか？**

たとえば、以下のような質問で上司に問いかけるとよいでしょう。

**1：成果物の中身は具体的に何か？**

「『採用プランを考えてほしい』とは、当社の採用活動を実現する上で必要な項目をすべて洗い出し、**自分が考えた素案をまとめて加藤部長に提案する**ことでよいでしょうか？」

「また、必要な項目として、予算、人数、採用媒体、スケジュール、採用サイトの改修イメージ、選考フローの流れ、現場の採用担当の決定までの素案をつくるという**認識ですが、これで正しいでしょうか？**」

**2：どのようなアウトプット（成果物の形式）がよいか？**

「基本的には佐藤課長が作成した昨年度の採用プランを雛形として踏襲します。**過去のフォーマットに来年度の具体的な内容と数値が入ったもの**を提出しようと考えていますが、いかがでしょうか？」

**3：いつまでにできていればいいか？**

「具体的な日付としていつまでに成果物があればいいでしょうか？　たとえば**2ヶ月後の6月30日まで**ではいかがでしょうか？」

**4：どのようなステップで進めればいいか？**

「**今週末までに、一度具体的な手順を洗い出す**ので、確認をお願いします。また、**2週間に1度、加藤部長に成果物の進捗状況をご確認いただき**、作成資料に齟齬がないように進めて行ければと思います」

いかがでしょうか?

**自分が「いつまで」に「何」を成果物として「誰」に出せばよい**か、イメージできたと思います。また、**上司との進捗確認も設定**することで、TODOがより速くスムーズに実行できる環境をつくれます。

このゴール設定こそ、TODO迷子にならず、仕事を速く達成するうえで最も大切なことです。

# 04 ＴＯＤＯを漏れなく洗い出す

「採用プランを考える」依頼に対して、最終的なゴールと成果物のイメージ、および、期日が明確になりました。

次のステップは**「道筋をつける」**です。道筋をつけるとは、**ゴール達成の手順＝ＴＯＤＯを洗い出す**ということです。

ここでＴＯＤＯを洗い出すうえで大事なポイントをお伝えします。

1：ＴＯＤＯに漏れがないか確認する
2：ＴＯＤＯを見てそのまま実行できるかどうか確認する
3：必要に応じて、さらに細かいＴＯＤＯに落とし込むさきほどの「牛乳を買ってきて」のように、簡単な仕事（＝過去に経験のある仕事）であれば、誰でも簡単にＴＯＤＯを洗い出すことができます。

一方で経験のない仕事では、ＴＯＤＯを洗い出す難易度が高くなるのは明らかです。

「来年度の新卒採用プランを考えてほしい」という依頼に対して、一緒にＴＯＤＯを洗い出してみましょう。

**・依頼**

来年度の新卒採用プランを考えてほしい

**・今回の作業内容のゴールとやり方**

当社の採用活動において必要な項目の素案を自分でつくり、清書した資料を加藤部長に６月30日までに提出すること。

資料に必要な項目は、予算、人数、採用媒体、スケジュール、採用サイトの改修イメージ、選考フローの流れ、現場の採用担当の決定まで。
佐藤課長作成の「昨年度の採用プラン」を踏襲して作成。雛形をフォーマットとして使用していい。

2週間に1度、加藤部長に成果物の進捗状況を確認してもらう。


上司からの依頼と、作業内容のゴール、進め方はすでに握れています。

ここから、具体的なＴＯＤＯを洗い出していきましょう。たとえば、こんなふうにＴＯＤＯを出すことができます。

**・具体的なＴＯＤＯの流れ**

・採用プランの雛形に必要項目を入れる
・加藤部長に確認をしてもらう
・最終化する

さあ、これでＴＯＤＯを洗い出すことができました！　とっても簡単ですね。

……とはいかないのがＴＯＤＯの難しさです。

自分が過去に経験した仕事であれば、この程度の分解でも「何をするべきか」頭の中でイメージができるかもしれません。

しかし、そうではない場合、本当に「道筋をつける＝ゴール達成の手順を洗い出す」ことができたと言えるでしょうか？　ここで、さきほどあげた３つの観点を基にＴＯＤＯをチェックしていきましょう。

**1：ＴＯＤＯに漏れがないか確認する**

必要項目を入れ、確認してもらって最終化すればＴＯＤＯは達成したと言えます。

この点では問題なさそうです。

**2：ＴＯＤＯを見てそのまま実行できるかどうか確認する**

**問題は、そのまま実行できるかどうか**です。

もしかすると、以下のような悩みが浮かび上がってくるかもしれません。

・そもそも昨年度の採用プランの雛形を入手していない
・予算の考え方がわからない。前回と同じでよいのか？
・採用人数は翌年度の中期経営計画を知らないと設定できないのでは？
・採用媒体にはどんなものがあるか、調べる必要がある
・スケジュールは採用媒体によって変わるかもしれないが、わからない
・採用サイトは誰が改修しているのか？　外注か？　担当者が不明
・現場の採用担当はどうやって決めていたのか？
・採用基準はどうするか？

……などなど。

TODOに漏れがないように見えても、**いざ実行してみようと思うと、何から手を付けていいかわからず、止まってしまう。**

このような状態になって悩んだ経験は、誰にでもあると思います。

**やることはわかっているつもりなのに、なかなか実行に移せない。**

一緒に、この問題を解決していきましょう。

ここで登場する3つ目のポイントが、

**3：必要に応じて、さらに細かいTODOに落とし込む**

です。

TODOを実行するために、**頭の中に浮かんだ「不明な点」**をまずは洗い出しましょう。不明点を書き起こしてから、**「何をすれば解決できるか」**をその下に書いていきます。

**・そもそも昨年度の採用プランの雛形を入手していない**

↓佐藤課長に昨年度の雛形を送ってもらうようメールする

**・予算の考え方がわからない。前回と同じでよいのか？**

→佐藤課長に「昨年度の予算をどのような基準で作ったか」ヒアリングをする
→ヒアリング結果をまとめ、加藤部長に「予算の考え方は昨年度と同じでよいか」確認をする

**・採用人数は翌年度の中期経営計画を知らないと設定できないのでは？**

→そもそも採用人数は昨年度を踏襲してもよいのか、それとも、自分で考えるべきなのか、改めて確認をする
→今年度の各部署の離職数を把握し、不足人員数の情報を加藤部長に共有する

**・採用媒体にはどんなものがあるか、調べる必要がある**

→過去の採用媒体（XX社、YY社媒体）を使っていた採用リーダーの田中さんに「他に過去に検討した採用媒体がないか」、また「その媒体を選定しなかった理由」を確認する
→採用媒体の営業担当者を田中さんに教えてもらい、打ち合わせを設定する

**・スケジュールは採用媒体によって変わるかもしれないが、わからない**

→打ち合わせの際に、営業担当者から「採用サイトの改修にどのくらい時間がかかる

か」を確認する

**・採用サイトは誰が改修しているのか？　外注か？　担当者が不明**

→採用サイトの社内主担当者を田中さんに確認する

**・現場の採用担当はどうやって決めていたのか？　採用基準はどうするか？**

→昨年度の現場の採用担当の選考基準と、「どの選考フローで現場メンバーに面接のお願いをしているか」を確認する

→過去に依頼したメンバーの一覧があれば共有してもらう。なければ一覧表を作成する

いかがでしたでしょうか？

「採用プランの雛形に必要項目を入れる」という**1つのTODOも、ここまで細かく多くのTODOに分解できます。**この状態にできれば、そのまま実行が可能です。

このように、未経験のTODOを実行するためには、**実際に自分が行動できるレベルまで具体的にTODOを洗い出す**ことが非常に大切です。

## 05 確認は一括にまとめる

さきほど分解したTODOの中には、加藤部長、佐藤課長、採用リーダーの田中さんに確認することが多岐にわたって存在していました。

TODOを1つずつ実行できるレベルまで分解できたとしても、**実際に1個1個処理していくと、時間がかかってしまいます。**

そこで、仕事を円滑に進めるために、「確認する」というTODOを人ごとにまとめ直しましょう。**一括で確認してしまうことで、効率よく、しかも相手の時間を奪わずにTODOを実行することができます。**

分解したTODOは**「同じカテゴリ同士」**でまとめてください。

この「まとめる作業」のひと手間で、TODOは大幅に捗り、周囲からの評価も高まります。逆に、「まとめる作業」をしない人は、同じ人に何回もアポを取り、質問攻めにしてしまいます。その結果、**「一度にまとめて質問しろ」**と叱責される羽目になるのです。

また、**「TODOの分解」**はマネジメントをする立場の方にとっても役立ちます。

上司と部下の会話では**「なんでできないの？」「資料をつくるだけじゃん？」**といった会話が日常的に発生します。口には出さなくても、心の中でつぶやいている上司も多いのではないでしょうか。

ただ、「あなた（＝上司）は経験があるからできるかもしれないが、**未経験者はもっと細かいTODO単位になっていないと実行できない**」と私は声を大にして言いたいです。

「なかなかうまくTODOを実行に移せない部下」に対し、**「部下が実行できる単位にTODOを分解し指示をする」**ことが、マネジャーには求められます。

私の牛乳配達会社では、宅配事業以外にもDXの支援事業、映像制作事業などの新規事業を展開しています。

新規事業を推進するメンバーはすべて牛乳配達や、営業をしてきたメンバーです。

しかし、**全員が未経験の状態**であっても、TODOを**実行可能な状態まで分解すること**で、新たな事業にも主体的に取り組むことができ、大きな成果を出せています。

**「1を伝えて10できる人材」**などめったにいませんし、**「有能な人が集まらない」**と嘆いても、どうしようもありません。

マネジャーができることは、**「実行できる単位でTODOを分解し、メンバーに任せていくこと」**に他なりません。

私自身、いつも意識しながら事業を推進したいと思います。

06

# TODOの障害を想定する

ここまでくれば、いざTODOを実行する段階です。

しかし、実行の前にもう一つ、考えておくべきことがあります。

**必ず「仕事を進めるうえでの障害」が発生する**ということです。

たとえば、社内決裁や承認が遅くスケジュールが遅延してしまう。他部署との調整に膨大な時間を要し、なかなか実行に移せないなど、自分のTODOを阻害するさまざまな要因が存在しています。

TODOが洗い出されても**「きれいに実行できる」わけではない**のです。

そこで、**起こりうる障害も、事前に洗い出しておく**ことが非常に大切になります。

そして、障害の洗い出しは、「TODOを実行する優先度」にも大きな影響を与えます。

どのようなTODOに障害が発生するのでしょうか?

答えはシンプルです。

**「他者が絡むTODO」は、すべて障害が発生する可能性がある**のです。

- 上司、他部署の承認が必要なTODO
- 社外、他部署との調整が必要なTODO
- 誰かと作業を分担するTODO

他者とかかわるTODOが多いほど、スケジュールどおりに実行できないリスクが高まります。

先程の例でいうと、「佐藤課長から昨年度の採用プランの雛形をもらえない」と、すべてのTODOが大きく遅延します。

また、採用リーダーの田中さんから採用媒体や採用サイトの営業担当者をスムーズに紹介してもらえないと、全体のスケジュール作成ができません。

つまり、**TODOに「待ち」が発生する**ことになってしまいます。

TODOの障害を事前に洗い出すうえでは、まずは**「他者が絡むTODO」**かつ**「全体へのインパクトが高いTODO」**について、**ネガティブなことを想定**しながら書き出してください。

その上で、障害が発生したときの対策も考えておくことがポイントです。

**・TODOを進める上での障害**

佐藤課長が昨年度の採用プランの雛形をなかなか共有してくれないリスクがある。

**・対策**

佐藤課長に依頼して3日リアクションがなかったら、田辺係長に本件を口頭で依頼、金曜までに受領できるようにする。

事前にTODOの障害を洗い出し、**「もし○○になったら△△する」**と対策を打つ条件を設定しておくことで、TODOの遅延を最小化できます。

事前に障害が発生するリスクを想定していないと、TODOが大幅に遅れるだけでなく、あなたの**メンタルを蝕《むしば》む**ことすらありえます。

私は毎週SNSを通じて、フォロワーの皆さんの仕事の悩みを解消するライブ配信を実施しています。その中で特に多い相談が**「上司が動いてくれない」「自分のせいではないが、仕事が進まなくて心が病んだ」**というものです。

実に多くの方が、「TODOが進まない」ことに悩んでいると感じます。

自分で障害を洗い出すことによって、**実際に障害が起きても「想定内」だと考えることができます。**

人間は想定内のことであれば、「予想通りのことが起きた」と感じるものです。

その結果、発生した障害に不必要に動じることもなく、メンタルの安定も保ちやすくなります。

ぜひ、障害を事前に洗い出す習慣をつけてください。

# 07 依存関係のTODOを優先する

さあ後は**TODOを実行する**フェーズです。

TODOを実行するために大事なことは**「TODOに期日と優先度をつけること」**です。この優先度が非常にやっかいです。

仕事を効率よく進めるための「優先度をつける考え方」をお伝えします。

一般的には**「重要である・重要ではない」**と**「緊急度が高い・緊急度が低い」**の4象限でTODOを整理し、優先度をつける方法が紹介されます。

一方で、仕事の優先度は**重要度と緊急度だけで整理できない**のも事実です。

実際には、以下の点に絞って考えることで、正しい優先度をつけることができます。

### ・会社や上司の期待する期日かどうか

仕事を進めるうえで最も重要なのは、**会社や上司の期待する期日（締め切り）**です。上司と握った「目的達成に直結するＴＯＤＯ」は、当然優先度が高くなります。逆に、関係のないＴＯＤＯは後回しにすることができます。

だからこそ、ＴＯＤＯを整理する前に会社や上司と期日設定をすることは重要です。

### ・依存関係があるＴＯＤＯ

複数人がかかわる仕事で、**「あるＴＯＤＯが他のＴＯＤＯの完了に依存している」**場合は、その依存関係を考慮して優先度を決めます。

**先に完了しないと他のＴＯＤＯが進まないＴＯＤＯ**は、優先度が必然的に高くなります。以上のような点を考慮して、ＴＯＤＯに優先度をつけると効率的に仕事を進めることができます。

たとえば、あるプロジェクトで以下のようなTODOがあるとします。

1：資料を作成し、佐藤課長の承認を得る
2：プロジェクトの概要書をつくり、チームメンバーに説明をする
3：営業計画のスケジュールをつくり、全員のスケジュールを押さえる
4：プロジェクトキックオフ会議資料をつくり、キックオフ会議を実施する

この場合、**1で佐藤課長の承認が得られなければ、そもそもプロジェクトが動き出しません。**仮に承認を得られなければ、他のTODOはすべて消化できずに終わる可能性もあります。これが依存関係です。

個人の経費精算などのTODOは、決められた期日までに行えば問題ありません。

**複数人が関わり、依存関係にあるTODOほど優先的に進めてください。**

# 08 スケジュールは2種類つくる

**日々の業務**を生産的にこなし、なおかつ、業務外で新しい知識を**インプット**して成長する。もちろん**プライベート**も充実させたい。

ここまで列挙しただけでも、**大量のTODO**が存在します。

それを実現させるのが、**徹底されたスケジュール管理**です。

スケジュールの立て方次第ですべての仕事の進みは変わります。

そして、仕事ができる人ほどスケジュールの立て方に日々試行錯誤し、時間をかけています。ここでは、私が実践している超効率的なスケジュールの立て方を紹介します。

## 原則1：スケジュールは2種類つくる

仕事ができる人はスケジュールを2種類つくります。**「いつ何があるか」**と**「いつ何をするか」**の2種類です。

「いつ何があるか」は、いつ（日時）何（会議や移動など）が行われるかです。あなたもよくご存じの一般的なスケジュールです。

「いつ何をするか」は、自分がいつ（日時）何（作業や準備など）をするかのスケジュールです。これら2つを同時に組み立てます。

## 原則2：スケジュールを徹底遵守する

お客様との打ち合わせや会議は、もちろん守らなければならないスケジュールです。しかし

図7　2種類のスケジュールを組む

「いつ何をするか」という**自分の作業や行動のスケジュールも徹底遵守する**のが、仕事ができる人の特徴です。

仕事ができない人は、自分の作業や行動のスケジュールを守りません。そのため、本来であれば2時間で終わる作業を、5時間も6時間もかけてやってしまい、他のTODOが手遅れになるのです。

仕事ができる人は、作業や行動に時間を割り振ります。

そして、**自分だけの時間にコミットし、集中する**ことで、どんどん作業を終わらせるのです。

## 原則3：スケジュール外のところでは作業や行動はしない

スケジュールを入れるということは、**スケジュールが入っていないところでは作業や行動をしない**とコミットすることでもあります。これは大変重要な要素です。

たとえば、今週金曜日の夕方17時までにお客様向けの提案資料を作成しなければならないとします。

いつやるかのスケジュールを押さえていない人は、その1週間ずっと頭の中で**「やらなきゃ」というストレス**を抱えながら過ごします。

一方で、仕事ができる人はいつやるかのスケジュールを決めたら、**それ以外の日程ではその作業のことを一切考えない**ようにします。

もし締め切り前日の木曜の16時〜18時に作業をすると決めたら、それ以外の時間は一切手をつけず、**頭のメモリも消費しない**ようにするのです。

# 09 締め切りギリギリで仕事する

ここまで、スケジュール術を語ってきましたが、私自身もかつてはスケジュール管理が上手にできませんでした。

**自分の予定は後回しにしてしまい、うまくＴＯＤＯを消化できない**経験も山のようにあります。

「これをやらなければ」と頭ではわかっていても、実行しようとすると難しいし、集中力が削《そ》がれ、やれることや、自分がやりたい別のことに手をつけてしまいがちです。

さらにＰＣで作業をしていると、ＳＮＳをちょこちょこ開いて確認したくなったり、YouTubeで気になる動画を流したくなるなど、**集中力を乱す誘惑**が溢れています。

そこで、**「スケジュールどおりに仕事を進めたい」**と思っている方への処方箋をお伝えします。

私自身も上司からアドバイスをもらい改善できた**「強制的に生産性を高めるスケジューリングの方法」**です。

人が**最も生産性高く集中して物事を進められる**のはどんなときでしょうか？

それは**デッドライン（＝絶対に遅れてはならない期限）が迫っているとき**です。

たとえば、あなたが高校生だとして、期末試験の朝「もう家を出ないと遅刻するギリギリの時間」に目が覚めたと想像してください。おそらく、今までにないほどの速さで朝の準備を終わらせ、登校するでしょう。期末試験に遅れたらせっかくの試験勉強が水の泡になってしまいます。もしかすると単位を落とし、留年してしまう可能性もあるかもしれません。

一方で、普通の日の朝、いつもどおりの時間に目が覚めたらどうでしょうか。特に慌てることもなく、ゆっくり時間をかけて準備をすると思います。

極めて当たり前の発想ですが、この**「締め切り効果」**を仕事に取り入れることで、圧倒的に時間当たりの生産性が高まります。

私の造語ですが、これを**デッドラインスケジューリング**と呼んでいます。

自分がどうしても作業をしなければならない**最終の期限ギリギリに合わせて、自分の作業時間をスケジューリングする**のです。

もちろん、**もし間に合わない場合は迷惑をかけるため「劇薬」になります。**

しかし、「絶対にこの時間で終わらせなければならない」というプレッシャーを自分に与え、**最大の速度で仕事をすることに慣れる**ためには必要な仕組みとも言えます。

**集中せざるを得ない環境を強制的につくる**ことで、時間単位の生産性が高まり、スケジュールも守ることができるのです。

結果的に、**自分の時間を増やす**ことにもつながります。

ぜひ、あなたもこのスケジュールのやり方を試してみてください。

# 10 4分間だけやってみる

どんな人でも**生産性が落ち、仕事が手につかなくなるとき**はあります。

仕事ができる人は、自分自身の生産性が落ちることを認識し、その対策を考え実行します。ここでは、私が実践している**「やる気がでないときの対策」**をお伝えします。

私は会社の経営以外に、SNSの運営、DX分野の新規事業など、あらゆる業務でタスクをすすめなければなりません。

そこで、**毎週日曜日の14時に、翌週のTODOを洗い出しています。**

さらに**毎日、朝一番にTODOを洗い出しています。**

しかしある日、まったくモチベーションが湧かない日が訪れました。日程調整といった**「やれば済むTODO」すらやりたくない**ほど、何もできない状況が、何日も続いたのです。

あなたにも似たような経験はないでしょうか？

**人間のやる気やモチベーションは一定ではありません。**ある日突然下がったり、なくなってしまうこともあるのです。だからこそ、対策が必要です。

私の場合はあまりにもＴＯＤＯがありすぎて、その膨大さに圧倒され嫌気が差し、とても前に進む気になれなかったのです。

ＴＯＤＯを洗い出すことで頭の中がスッキリするかと思いきや、**逆に多すぎるＴＯＤＯが可視化され、自分自身のやる気を削いでしまう**ケースでした。

やる気を心理学的に分析、提唱した人がいます。『Contact: The First Four Minutes』という書籍を出版したレナード・ズーニンです。

**やる気は「最初の４分間」が大事**ということを提唱し、書籍では「ズーニンの法則」＝「初動４分の法則」と定義しています。

そもそも**「人のやる気は後からついてくる」**ものであり、たとえ最初は苦しくても行動する内に**「作業興奮」**という状態になり、やる気が出てくるというメカニズムです。

人間の感情や意欲の維持に深く関わっている機能である、脳の側坐核《そくざかく》という部分（前頭前野のすぐ後ろの奥）があります。

作業興奮によって「側坐核」が刺激されると、意欲をもたらすドーパミンが分泌され、**やる気スイッチ**が入ります。

「やる気が出たらはじめよう」ではなく**「とりあえずはじめてやる気を出そう」**という考え方がとても大事であり、その分岐点が**「最初の4分」**なのです。

私はこのメカニズムをもとに、やる気が出ないときの対策を考えました。

いつもやっている「TODOを洗い出す」という整理を放置し、次の4つの手順で作業を行うと一気にやる気が湧いてきます。

1：すぐ処理できる超簡単な作業をやってみる
2：作業興奮になり、やる気がでてくる
3：ここではじめてTODOを整理し、洗い出す
4：TODOに優先順位をつけ実行する

もしモチベーションが下がったり、やる気がでずTODOをうまく消化できないときは、**まずはいまある一番簡単なTODOから手をつけてみてください。**

もし、いまあるTODOに手をつけるのが難しければ**「とにかく4分間だけ、仕事に関連する何かの作業をしてみる」**でも構いません。パソコンを開いて、既読メールの整理をしたり、業界の話題をネットで調べてみるなど、なんでも大丈夫です。

4分間で「作業興奮」の状態をつくることを意識してください。

# 5章

# 仕事ができる人の「会議」の当たり前

# 01 無駄な会議になんとなく出ない

興味深いデータがあります。社内の会議に関する調査で、**会議が社内業務に占める割合は業務全体の19・3％に及ぶ**というものです（出典：株式会社ジェイアール東海エージェンシー ビジネスパーソンの「社内会議」に関する調査）。

**「平日の約1日をまるまる会議に費やしている」**という驚愕《きょうがく》の結果です。

だからこそ、**会議の時間を有意義に過ごせるかどうか**が、あなたの仕事に大きなインパクトを与えます。

ただ、残念ながら**「よくある会議」は、ほとんど時間の無駄**になっていると私は考えています。同じように実感されている方も多いのではないでしょうか。

なぜ、会議は時間の「無駄」になってしまうのでしょう。

組織における会議は、ほとんど以下の状況に置かれています。

- そもそも会議の目的が明確でない。
- 会議中は論点がブレブレになる。
- あいまいな言葉ばかりで、次の行動につながらない。
- 会議が形式化して、意味がなくなっている。

もちろん、「営業方針会議」や「商品設計会議」「〇〇定例会議」など、議題が設定されている会議がほとんどです。しかし、上記のような問題が発生すると**「意味がない会議に、なんとなく出る」**状況になってしまいます。

では、有意義な会議をするためには、どうすればよいのでしょうか。

次のページから、問題を一つずつ解消していきましょう。

# 02 「会議の終わり」を明言する

あなたが参加する「会議の目的」は明確でしょうか？

もっというと、**参加者全員が「会議の目的」を齟齬なく理解しているでしょうか？**

業務の20％近くも時間を費やす会議です。

この問いに対して「ＹＥＳ」と答えられない組織やチームは、大きな損失をしています。

もちろん、「企画会議」など**会議の名称が設定されているからといって、「会議の目的」が設定されているわけではありません。**

では、「会議の目的」を明確にするとは、どういうことなのでしょうか。

ここで私自身がいつも強烈に意識していることをお伝えします。

**「この会議は、何が終わったら終わりなのかを明言すること」**です。これにつきます。

「会議の終わり」を明確にすることで、予定時間より早く終わっても問題ありません。「会議のために60分押さえているから、早く終わると気まずい」など、もし「なんとなく時間を使う」意識があれば、その考えはぜひ手放してください。

では、会議の目的をどう設定し参加者全員に伝えればいいでしょうか。

ダメな例とよい例を次に示してみます。

**「ダメな」会議の目的例**

・新年度の新しい営業施策の討議
・経理業務の生産性向上案のブレスト会議
・2025年の新規商品の開発方針を決定すること

上記のような目的は、よく設定されがちです。では、一体何がダメなのでしょうか？

具体的に、なぜ会議の目的にふさわしくないか、解説します。

### ・新年度の新しい営業施策の討議

そもそも**「討議」**とは「何が終わったら終わりなのか」が不明。アイデアを出して討議できれば終わりなのでしょうか？ **果たして何をどこまで討議すればいいのか？** 全員が1つのアイデアを出したら終わり？ 人によっては営業施策を「決定」する場だと思うのでは？

また、**「営業施策」**の範囲も人によって解釈が異なる可能性があります。施策とは新規獲得の売上向上の手法なのか、既存客の単価アップなのか、もしくはマーケティング領域の販促なのか。

**「新しい」**の定義も解釈が異なるでしょう。Aさんは「今までにない突飛なアイデア」だと考えているのに、B部長は「売上に直結する改善施策でないとだめだ」と考えて解釈がブレると、議論ができません。

・経理業務の生産性向上案のブレスト会議
・2025年の新規商品の開発方針を決定すること

も、同じように人によって解釈が異なる可能性が高いので、会議の目的としては不十分です。

**単語レベルで注意しなければ、「会議の目的」を全員にとって明確にすることはできません。**目的があいまいなままでは、大勢のリソースを使う会議が無駄になってしまいます。

では、さきほどの例を、よりわかりやすい会議の目的として修正してみましょう。

**「よい」会議の目的例**

・新年度の新しい営業施策の討議
→新年度の新規顧客獲得に向けたソリューション商材の新しい販促ツールを**候補から選択して、決定する**こと

・経理業務の生産性向上案のブレスト会議
↓既存のツールを活用して、社内経費精算業務の承認処理時間削減のためのオペレーション**改善案を参加者全員が5つ出す**こと

・2025年の新規商品の開発方針を決定すること
↓2025年の新規商品の開発予算、人員数、商品投入時期の**スケジュールを決定し、社長承認の準備ができている**こと

誰がみても齟齬がなく、「何が終わったらこの会議が終了するか」も明確になったのではないでしょうか？

大事なことは**「会議の目的を端的に表そうとしない」**ことです。あえて、**「長ったらしい文章でいいので、より具体的に目的を書き切る」**ことを意識してください。

さらに、**会議の終わり**に実施してもらいたいのが**「目的を達成したかどうかの振り返り」**です。最初に目的を設定できても、最後に「今日の目的は達成したか?」と問いを投げずに終わる会議は多々あります。

**「あいまいな会議は一切ゆるさない」**姿勢で臨んでください。

## 03 ファシリテーターをする

会議ではとても大事な役割があります。それは**「ファシリテーター」**です。

ファシリテーターは最近ではなじみのある言葉になってきました。意味を検索すると**「会議や商談などで中立的な立場に立ったうえで会議中に発せられた意見をまとめ、よりよい結論に導く役割を担う人」**と定義されています。

そもそも「会議」とは**「行動を決めるためにやるもの」**です。

実はこの本質を理解していない方が、世の中には多くいるように見受けられます。

たとえば、「営業部の売上実績進捗の報告会議」でも、数字の共有が目的ではありません。

**現状の実績を踏まえ、次の行動(=ネクストアクション)を決める**ためにやるものです。

上司部下が１ｏｎ１で行う悩み相談も、部下の悩みを解消し、仕事がより進む行動（＝ネクストアクション）を導くものです。

**すべての会議はネクストアクションのためにやるもの**です。

つまり、ネクストアクションが導かれない会議は、会議と呼べません。

このマインドセットをもたない人たちが会議に出ると、まさにカオスで無駄な会議になります。

そこで大切な役割がファシリテーターです。ファシリテーター次第で会議の質が変わると言っても過言ではありません。

前職のコンサルティング会社時代でも、会議をファシリテーションする役割は上位の職種でないと、やらせてもらえませんでした。

それもそのはずです。クライアントとコンサルタントとの接点は主に会議の場です。

その会議のレベルによって、**コンサルティングの品質そのもの**を問われてしまいます。

また、**参加者によって会議への「期待」もそれぞれ変わります。**

「呼ばれたから参加しただけの人」もいれば、「今日の会議で何か新しい施策が見つかると思っている人」など参加する個人の思いはバラバラです。

ファシリテーターは、これらの**参加者全員を導いていく必要がある**からです。

私が尊敬する上司のファシリテート力はとても高いものでした。

**相手に迎合せず、常にフラットな立場**で会議を進め、**論点を整理**しながら**会議の目的を達成**していたのです。

ファシリテーションのすごさに憧れた私は「こうなりたい！」と心から思うようになりました。

私は一番下の職位でありながら、当時のプロジェクトリーダーに「クライアント先の会議で、ファシリテーターの役をやらせてほしい」と毎週のように懇願したのです。

その結果、幸運なことに実際にファシリテーターをやらせてもらえました。

しかし、結果はさんざんなものでした。

ファシリテーターを務めた最初の2ヶ月は、恥ずかしいことに会議開始から5分で、その場でファシリテーターを交代させられたのです。


**会議始めの5分は、会議全体の議論づくりに大きな影響を与えます。**


私が初めてのファシリテーションをしたとき、クライアントの役員が「西原さん、なぜ今日はこの議論をするんですか？」と質問したのです。

しかし、私はまったく答えられませんでした。

会議のゴール設定はしていたものの、この**会議をする背景**を深く理解しておらず、相手に伝えることができなかったのです。

そのため、即座に上司がファシリテーションを交代してくれました。

それ以降、毎回私がファシリテーションをするたびに「西原さん、なぜ今日はこの議論をするんですか？」という問いを投げられ、私が適切に答えられず、上司に交代するという流れが繰り返されました。いま思い返しても、苦い体験です。

しかし、プロジェクト終了後の懇親会で、クライアントの役員から**「若手なのにチャレンジする姿勢がすごく好きで、思わず育てたくなっちゃったよ」**と言われました。

私は、クライアントや上司から徹底的に鍛えられた結果、ファシリテーターの本質的な役割を理解し実践することができるようになったのです。最終的には、会議の最初から最後までファシリテーションを任せてもらえるようになりました。

ぜひあなたも、ファシリテーターに積極的に挑戦してみてください。

どんな小さな会議でも構いません。**ありとあらゆる会議がファシリテーション力を鍛えるチャンス**なので、ぜひ進んでチャレンジしてみましょう。

それでは次のページから、ファシリテーターの具体的な役割について解説していきます。

# 04 発言力のある人に迎合しない

「できるファシリテーター」の4つの要件は次のとおりです。

**1：会議の目的をずれないようにする**
**2：参加者がフラットに議論できる場をつくる**
**3：抽象化と具体化をする**
**4：ネクストアクションで「誰が、何を、いつまでに」を明確にする**

これだけ見ると**「何だ簡単じゃないか」と思いがち**ですが、実際にやってみると難しいものです。

なぜファシリテーターを務めるのが難しいのか、私が上司から口酸っぱく伝えられた前提条件をお伝えします。

**大前提：「ファシリテーターは決して迎合してはならない」**

**迎合**とは**「自分の考えをまげても、他人の意に従って気に入られるようにすること」**です。前述のように、会議にはさまざまな参加者がいます。社内であれば上司や部下、社外であれば取締役クラスもいるかもしれません。

そんななか、相手の顔色を窺い、**相手に求められる議論や、気に入られるような結論**に持っていこうとした瞬間に、**ファシリテーター失格**になるのです。

ファシリテーターは「会議を通じて、**会議の目的達成を誰よりも追求し、ネクストアクションを決めるよう導く人**」です。

たとえば、会議の目的が「自社の次期主力商品を3つの候補から決め、発売日を決定すること」だとしましょう。会議には発言力も実績もある商品開発部のB部長以下、商品開発部の社員が出席しているとします。

商品候補のA商品はB部長がこだわっている商品だとします。

すると、**B部長の意見を尊重しようという「忖度《そんたく》」**が働きがちです。

しかし、真のファシリテーターは「本当にA商品が主力商品となり得るか」**フラットに議論できるように進行しなければならない**のです。

B部長の機嫌が悪くなったり、嫌われてしまったとしても、A商品の欠点や、他の商品候補との比較を徹底して議論する覚悟が必要となります。

ファシリテーターは**誰よりもフラットに会議の目的を追求する必要がある**ことを、ぜひ肝に銘じてください。

# 05 参加者ごとの目的を伝える

ファシリテーターの1つ目の役割は、**「会議の目的をずれないようにする」**です。

前述の「無駄な会議をしない」でも書いた通り、会議の目的を「誰がみても齟齬がない」ように設定しなければなりません。

コンサル時代の社内会議をお話しします。

クライアントへの提案内容を確定させる会議に出席していたときのことです。

5名で会議が開かれ、クライアントの現状の課題や、解決の方向性、プロジェクトの体制や金額までさまざまな内容が議論されていました。

私自身は**議事録を取る役割**だったので、ひたすら会議の議事録を書き続け、要点をまとめていました。

しかし、ある瞬間に**「西原はどう思う？」**とプロジェクトリーダーから振られたのです。私は**まさか自分に振られるとは思いもよらなかった**ので、言葉に詰まったあげく**「議事録を取る役割なので……」**と答えてしまいました。

次の瞬間、リーダーから**「お前のコンサルとしてのValue（価値）は何だ？」**と、こっぴどく叱られた記憶があります。

会議に呼ばれた以上、会議の目的を達成するために、**考えや意見を発言することが参加者全員に求められます。**

しかし私はただただ、議事録係として自分を甘やかしていたのです。

たしかにプロジェクトリーダーからは「〇〇社の次期プロジェクト提案について、各自現状の〇〇社の**本質的な課題や、解決の方向性の素案を考えてくること**」と伝えられていました。

一方で私は「まだ半人前の自分には、そんな難しいテーマは関係ない」とたかをくくり、勝手に自分は議事録だけ取ればいいという設定で会議に臨んでしまったのです。

ファシリテーターにとって大切なのは、**会議そのものの目的**を明確にするだけでなく、**会議参加者の「参加する目的」も定義する**ことです。

私は、ファシリテーターであるリーダーが定義した「参加する目的」を、自分で勝手に「議事録を取るだけ」に変えたことで、会議全体の生産性を下げてしまったのです。

リーダーが叱るのも当然のことでした。

とはいえもちろん、社歴やスキルなどによって、**全員に一律の参加目的を課すのは難しい**場合もあります。そういうとき、どうすればいいのでしょうか。少し具体例をみてみましょう。

**会議の目的**

・自社の次期主力商品を3つの候補から決め、発売日を決定すること

**会議参加者の目的**

・A部長は本日の会議を通じて、商品を確定すること
・商品開発部のメンバーBさん、Cさん、Dさんは各3商品の競合商品との差別化ポイントを事前に言語化して、どの商品がよいか意見を出すこと
・新入社員のEさんは会議に参加し、商品開発の意思決定プロセスがどのように行われるか体感すること

いかがでしょうか？

会議の目的だけでなく、参加者の目的を明確にすることで、**一人ひとりが積極的に会議に参加できる体制を整える**ことができます。

一般的には、会議の目的はあれど、会議の参加者ごとの目的まできちんと事前に定義することはめったにないのではないでしょうか？　生産的に会議を進め、目的達成を追求するファシリテーターは、**会議がはじまる前に「参加者の目的」を明確に伝える役割がある**のです。

## 06

# 「忌憚《きたん》なく」と言わない

目的が明確になり、会議の参加者の役割も明確になりました。

しかし、これで会議がスムーズにいくと思ったら、大間違いです。

実際の会議では**「パワーバランス」による影響**があるからです。

**声の大きい人**に議論を引っ張られたり、**上司の顔色**を窺って意見をきちんと言うことができなかったり、**発言回数が誰かに偏る**ことが多々あります。つまり、心理的安全性を要因として**会議が活性化しない**ことがほとんどなのです。

私がコンサルティング時代に担当した、従業員3000名規模のクライアントの事例を紹介します。クライアントには全国に支店があり、その一支店の社内会議に私も同席させてもらいました。

支店長が支店の主要なメンバー20名を集め、来期の支店方針を決定する会議です。

支店長は、「前年比110％の売上を達成するために、**現場メンバーから新しい施策案を集め、支店の方針作成のもとにしたい**」と考えていました。

現場のメンバーは、PowerPointやExcelを駆使してそれぞれ施策案をつくり、会議でプレゼンします。もちろん、自分の案が採用されることを誰もが期待しています。

会議には3時間もの時間が確保されていました。

しかし、全体の時間の内、**約80％を支店長が、残り15％を副支店長**が話してしまい、**現場メンバーにはわずか5％（10分弱）の時間しか与えられなかった**のです。


私が意外だったのは会議終了後です。

なんと、**支店長は満足そうな顔で「今日はいい会議だった」と発言**しました。

そこで、私が**「そもそも会議の目的は達成されたんですか？」**という質問をしたのです。

すると、支店長は気分を害されたのか、一気に顔色が変わり、怒りながらこう言いました。

**「私は忌憚なく意見してほしいと言っている。言えないのは現場のメンバーが悪い」**

**「やはり今の社員は自発性が足りない。積極的に発言しなければならない」**

いったいなぜ、現場メンバーは5％の時間しか発言できなかったのでしょう。

実際には会議の目的とは遠く離れた、恐ろしいことが起きていたのです。

## 会議でのやりとり

**支店長**「ではAさんから早速来期の新施策案を発表して欲しい」

**Aさん**「はい、私の来期の新施策案として●●●●……」

**支店長**「**それは無理だろう。**本社施策との絡みもあるし、実際に過去に取り組もうとして実現した試しがない。それよりも、いま自分に課せられていることをやってから言うのが筋じゃないか。**今の営業の進捗を自分でどう考えているのか？**」

**Aさん**「すみません、現状お客様の状況を踏まえチームリーダーのBさんに指示を仰ぎながら活動量は増やしているのですが、結果に結びついておらず……」

支店長「Bは、どういう指示をしているのか、**ちゃんと報告してくれないと困る**」

Bさん「この点については私もフォローはしているものの……」

「来期の新規施策の決定会」からいつの間にか**会議の目的がすげ替えられ「支店長による現場メンバーの公開処刑場」**になってしまったのです。

会議で達成したい目的が設定され、参加者の役割も設定されていたにもかかわらず、当初の目的が達成できないどころか、**せっかく参加者が用意してきた施策案を頭ごなしに否定し、レビューではなく詰問の場**に変わってしまいました。

このような例は、決して特別なものではありません。

程度の差はあるでしょうが、**日々の会議で起きている事象**ではないでしょうか？

**「忌憚なく言ってほしい」は最悪の言葉**です。

これは上司から部下へよく使われる言葉であり、一見すると相手を想う言葉に聞こえます。

しかし、部下や現場のメンバーは、上司に対して「言えるわけがない」のが大前提です。特に会議という多人数がいる場においては、なおさらです。

- **忌憚のない意見を言ったら、上司が気分を害するかもしれない。**
- **そもそも意見を採用してもらえないし、詰められるかもしれない。**
- **評価を下げられるかもしれない。**
- **恥ずかしい思いをするかもしれない。**

など、パワーバランスで下の位置にいる人は、**上の人に対して発言しづらい状態**に置かれています。

もしかすると、**1対1のクローズドな環境**で、**利害関係のない（＝直接の評価に紐づ**

**かない）状況**であれば忌憚のない意見を言える可能性があるかもしれません。

しかし、そうでない限り、ほとんどの人が**「言いたくても言えない」**のです。

さらに職場で「上司部下のパワーバランス」と「衆人環境」が掛け合わさると、ほとんどの人が**相当な覚悟と勇気を持たなければ発言はできない**と、認識すべきです。

「怖い、恥ずかしい」など感情的にもさまざまな要因があり、パワーバランスが下であればあるほど、発言へのハードルは高くなります。


このようなとき、ファシリテーターはどうすればいいでしょうか？

もちろん、「忌憚のない意見を言ってくださいね」と伝えても、参加者が言えるはずありません。**ファシリテーターは、参加者のハードルを取り除く必要があります。**

私自身も、社外でファシリテーションをする機会が多数あります。

すると、参加者がたくさんいるにもかかわらず、社長や取締役ばかりが話している会議に、多く出くわします。

私はファシリテーターとして、会議の冒頭によく次のような発言をしていました。

「**本日のメインは参加者全員です。**役職は関係ありません。論点がずれたり批判するような発言があった場合、**たとえ社長の発言であっても、バッサリ切っていきます**のでよろしくお願いします」

ポイントは、**ファシリテーターが会議参加者の「防波堤」になる**ことです。

ファシリテーターの誰にも迎合しないフラットなスタンスで、参加者がパワーバランスの影響を受けないようにすることが大切です。

# 07 最初の5分は雑談する

参加者がフラットに議論できる場をつくるために「ファシリテーターがすべきこと」を具体的に紹介します。

・最初の5－10分は発言に慣れさせる（アイスブレイク）

まず、参加者が発言しやすい土壌をつくります。発言の数を増やし、否定されないことで**「自分が発言してもよい会議」**という認識を参加者に抱いてもらいます。

そのための方法が**「アイスブレイク」**です。

私は「アイスブレイク」を「相手の緊張をほぐし、和ますことで、会議の目的達成に積極的にかかわってもらえるように働きかける手法」と定義しています。

会議の初っ端から、いきなり何も言わずにアイスブレイクに入るのではなく、**アイス**

**ブレイクを会議の目次に入れておく**のがおすすめです。

私が実践しているアイスブレイクの具体的なルールを紹介します。シンプルな3つのルールで、よいアイスブレイクができますので、ぜひ実践してみてください。

## 1：参加者の名前を呼び、個別に認識させる

大多数から個人にフォーカスするために、**名前を呼びます**。

名前を呼ぶことで、多数が参加する会議でも、個別に認識されている自覚が生まれ、よい緊張感や前向きな姿勢を生み出せます。

## 2：オープンクエスチョンを投げる

図8　本日のゴールとアイスブレイクを入れた目次

| 本日のゴール | 本日の目次 |
|---|---|
| 以下が終わったら終わりです<br>・来期売上 110% を高める新しい施策案が皆さんから共有され、3つの候補に絞り込み、施策の実施スケジュールが確定されていること<br>・絞り込んだ施策を進めるために、本参加者で具体的な役割とネクストアクションをドキュメントに言語化できていること | ・会議参加者の皆さんと雑談　(5分)<br>・来期の新規施策案を各自共有　(45分)<br>・新規施策案の絞り込み　(30分)<br>・ネクストアクションの確認　(5分) |

相手の発話時間を増やすため、「はい」／「いいえ」で答えられないオープンクエスチョンを用います。**5W1H（なぜ、なにを、いつ、だれが、どこで、どうやって）を投げかけます。**

例：「先週末のお休みはどうやって過ごしましたか？」

例：「ここ1ヶ月でお客様に言われて嬉しかったことは何ですか？」

### 3：感謝を伝える、肯定する

回答した内容に対して**感謝され、肯定される**体験をすることで、会議への参加意欲が高まります。

例：「プライベートのことで答えてくださってありがとうございます！　おかげさまで皆さんも和み、助かりました！」

例：「お客様からそんな発言してもらったら嬉しいですね！　私もテンションがあがりました！」

私はアイスブレイクで**「最初の5分は雑談します！」**と伝えて、上記のルールを踏まえながら雑談をしています。

アイスブレイクでは**「何を話すか」**よりも**「どう話すか」が重要**なので、お題にとらわれず、ぜひ活用してみてください。

# 08 「はい」か「いいえ」で答えさせる

さて、アイスブレイクで参加者全員の発話を促し、会議を進めるうえでの土壌がつくれました。ここから会議が進行していきます。

ここで大事なことは、各テーマに沿って**「発言を全員に振り、同じ回数だけ意見を求めるようにバランスをとる」**ことです。

事前に参加者が意見を考え、会議内で発表する形式であれば特に問題はありません。

一方で、その場で意見を求められるような会議形態(例：ブレスト会議など)であれば、前述したように、いきなり意見を求められても、全員がフラットに発言できるわけではありません。

では、どうすれば参加者は発言しやすくなるのでしょうか？

具体的な手法を解説します。

## 解決策：2択の回答を引き出し続ける

アイスブレイクとは真逆に、**クローズドクエスチョン（「はい」／「いいえ」で答えられる質問）**を多用することで、参加者がどんどん発言しやすくなります。発言する回数が増えれば増えるほど、参加者の心理的安全性はどんどん高くなり、最終的に自分の意見を言えるようになります。

ここで具体的な問いかけの例として、NGとOKを比較しながら見てみましょう。

### ・NGな問いかけ例

「さきほどの新規施策の素案について、**どう思いましたか？**」

### ・OKな問いかけ例

「さきほどの新規施策の素案は、**来期の売上に貢献しそうですか？**」

NGとOKの大きな違いは、前述の通り「はい」か「いいえ」で答えられる質問になっているかどうかです。

NG例のように**「どう思いましたか？」**と聞かれると、次の疑問が参加者の頭の中で湧いてきます。

- いま、自分の意見を求められているのか？
- それとも「いいか、悪いか」を評価しなければいけないのか？
- どうと聞かれても、何を答えればいいかわからない

一方で、OKの例は「はい」か「いいえ」と答えられる明確な質問です。

参加者は**「はい、売上貢献しそうです」**か**「いいえ、売上貢献しなそうです」**の二択から選択をすればいいわけです。

ファシリテーターが、さらに次のように会議を進めると、参加者はより前向きに会議に取り組めます。

**ファシリテーター（以下、F）**「さきほどの新規施策の素案は、来期の売上に貢献しそうですか？」

**参加者（以下、参）**「**はい、**売上貢献しそうだと思いました」

**F**「取引先にも受け入れられそうですか？」

**参**「**はい、**取引先にも受け入れられそうです」

**F**「この施策はAさんも取り組んでみたいと思いますか？」

**参**「**そうですね、**ぜひスケジュールがきまったらやってみたいです」

クローズド・クエスチョンのやり取りを3往復することで、参加者は意見を3回も発言したことになります。

「はい」「いいえ」の回答を複数回積み重ねることで、参加者の発話数が増え、フラットに議論しやすい土壌ができるわけです。

そして、相手の発言がよりオープンになったタイミングで、初めてオープン・クエスチョン（5W1Hなど「はい／いいえ」では答えられない質問）を使い、本質的な議論に入りましょう。

---

F「来期の売上に貢献しそうと思った**理由はなんですか？**（WHY）」

参「今までの施策と違って、〇〇という観点で……」

F「取引先に受け入れてもらうためには、**どんなアクションが必要ですか？**（HOW）」

参「新しい施策なので、施策リーフレットを作成し、お見せしながら取引先のメリットも交えて対面で説明すればいいと思います」

---

発言回数を増やしてから、相手の意見を聞くオープン・クエスチョンを投げかけることで、参加者に余計な疑問を抱かせることなく、自然と発言を促すことができます。

ポイントをまとめてみましょう。

- 参加者がフラットに議論するには、発言回数を意図的に増やすことが必要。
- 「何を回答すればいいのか」悩ませる質問はしない。
- 「はい」か「いいえ」で答えられるクローズド・クエスチョンをする。
- 発言回数が3回以上になったら、オープン・クエスチョンを投げかける。

いかがでしたでしょうか?

参加者がフラットに議論できる場をつくるには、このように具体的な仕組みが必要なのです。

# 09 質問ではなく「翻訳」する

参加者が積極的に発言できる土壌ができました。しかし、まだまだファシリテーターの役割は終わりません。

発言ができたとしても**「参加者によって言語化能力に差がある」**ことを意識してください。考えていることを相手にわかりやすく伝えることが得意な人もいれば、そうでない人もいます。

ファシリテーターに求められることは**「わかりづらい発言を言い換える」**ことです。つまり、ファシリテーターが**「翻訳者」**になるわけです。

ある参加者のアイデアや考えが秀逸であっても、限られた時間の中で相手に伝えられなければ意味を成さなくなります。これは会議でしばしば起きる事象です。

ファシリテーターは「相手に伝わらない発言」をどのように言い換えるべきなので

しょうか？

ふたたび、具体的なNG例とOK例を比較しながら、解説をしていきます。

## NG例

参「売上貢献するには、もっと相手のことを思って施策を考えたほうがいいと思います」
F「相手のことを思うって**なんですか？**」
参「いまの状況とかを考えた方がいいと思います」
F「状況とは**なんですか？**『とか』ということは**他にもありますか？**」
参「……」

いかがでしょうか？

これは明らかに**「詰問」**になっています。

たとえシンプルな質問であっても、本人の言語化能力を無視し、**ひたすら質問を繰り**

**返してしまう**と、相手は言葉が出てこず、回答できなくなるのです。

ここでファシリテーターに求められるのは、**相手に質問するのではなく、相手の発言を「言い換える」**ことです。次の例を見てみましょう。

## OK例

参「売上貢献するには、もっと相手のことを思って施策を考えたほうがいいと思います」

F「それは、**取引先の広告予算の余力を考慮する**ということですか？」

参「取引先の広告予算もそうなんですけど、規模によって選べるというか……」

F「ありがとうございます。取引先の広告予算を考慮して、**取り組む施策を予算別に選択できるようなプランにする**ということでしょうか？」

参「はい、そのとおりです！」

相手が表現したい内容を、ファシリテーターが**代わりに具体的に言語化し、投げ返すこと。**

これが「わかりづらい発言を言い換える」ことの本質です。

ファシリテーターは**「具体化するプロフェッショナル」**でもあるのです。

# 10 論点を表示し続ける

さあ、フラットに議論をするために最もパワーがいるところまでたどり着きました。

それは、**「会議の論点がずれた場合は戻すこと」**です。

さきほどの支店長の例でも、「来期の売上増のための新施策を決定する会議」が「支店長が現場メンバーの日々の営業活動を詰問する場」になってしまいました。

なぜこんなことが起きるのでしょうか？

それは、**「本来の論点」に戻す人がいなかった**からです。

もっというと、みんな**「論点がずれている」と気づいていた**ものの、**社内のパワーバランスもあり言い出せなかった**、というのが本音でしょう。

本来であれば議論のテーマがずれたタイミングで、バッサリともとの論点に戻すべきです。

しかし、これがなかなか難しい。**ファシリテーターよりも上位の役職者**が会議に出席していればなおさらです。

それでも、ここでファシリテーターが論点を戻せなければ、会議はあらぬ方向へ船を進めることになります。いったいどうすればいいのでしょうか?

実は、とても簡単な仕組みで解決できるのです。

### ・今話すべき会議の論点を常に表示する

対面の会議でも、WEB会議でも**「常に会議の論点を表示する」**。

これだけで、論点がずれても戻すことができるようになります。シンプルですが、非常に大切な仕組みです。

**ホワイトボード**を活用していれば、常に参加者の目に見えるところに現在の討議テーマを表示しましょう。

WEB会議であれば、**ファシリテーターの画面の右上に、討議テーマを記載しておく**などで工夫ができます。画面共有で討議テーマを出し続けるのもいい方法です。

論点が常に表示されていれば、会議の論点がずれたときに**「ここを見てください」と一声かけるだけで十分**です。討議テーマが文字で示されていれば、参加者はハッと気づきます。そして、簡単に本来のテーマに戻すことができるのです。

**「文字に書いておく」という原始的な仕組みを使って舵を切る。**

極めてシンプルですが非常に有効な手段です。

## 11 「誰が、何を、いつまでに」を決める

会議の最後に最も大切なことは**「ネクストアクションを決める」**ことです。ここをおざなりにしてしまうと、せっかくの会議が意味を成しません。

だからこそ、ファシリテーターは次のことを徹底します。

・会議の最後に「誰が、何を、いつまでにするか」を、参加者全員で握る

「なんだ、極めて簡単じゃないか」と思われる方も多いと思います。しかし、**実はこれほど胆力のいる作業はありません。**

実際に私がとある企業の会議でファシリテーションをしたときの例を紹介します。

**著者**「それでは、最後に次のアクションを決めたいと思います。会議で話をされていたとおり、A部長はB常務に新規施策の承認を得るための会議をするということでしたが、**こちらはいつまでにできそうですか？**」

**A部長**「実際問題、社内のネゴ（＝ネゴシエーション：交渉の意）が必要で、いまはなんとも言えない。また社内で調整してから共有させてほしい」

**著者**「わかりました。ではA部長は社内調整をいつまでに完了して頂けますか？　**期日を教えてください**」

**A部長**「それを調整すると言っているので、まずは検討させてもらいたい」

**著者**「検討するというのは**具体的に何をすることでしょうか？**　社内調整をいつまでに完了させるか、**目安となる日時**を教えて頂きたいです」

いかがでしょうか？　担当と日付は簡単に決まると思ったら、大間違いです。

さきほどの例は上位の役職者でしたが、担当者レベルでもこのような**「言い逃れ」**は発生します。たとえば**「他の業務が忙しい」**や**「そもそも私の部署で担当する案件ではない」**などです。

ここでファシリテーターが「そうですか、では、またわかったら教えてください」と少しでも折れようものなら、ネクストアクションがあいまいになります。結果として、何も進まなくなると強く認識してください。

**仮の日付でもいい**ので、参加者に**次のアクションを期日とセットで割り振る**必要があります。いつまでの「いつ」に対して、**会議の場で自らコミットしてもらう**。それが一番行動を促すからです。

また、加えてご注意頂きたいのが、**「会議終了後にネクストアクションを決めてはならない」**ということです。

会議終了後に、「**別途、担当と期日について相談します**ので、皆さんよろしくお願いします！」というチャットやメールが飛び交うことがあります。

しかし、その結果何が起きるのか。メールの返信はおろか、次の会議までネクストアクションが決まらないまま終わることになります。それほど、**人は日付をコミットすることから逃げたい**のです。

ここまで読んだあなたは、**「ファシリテーターをしたら、嫌われるんじゃないか」**と思ったかもしれません。

その通りです。ファシリテーターはときに嫌われることもあります。

他人の「あいまいなままにして落ち着きたい」気持ちを許さず、締め切りも行動も明確にして、**逃げられないようにする鬼の側面**があるからです。

しかしだからこそ、**ファシリテーターをやり切る人の価値は高まります。**

そして、ファシリテーターが役割をまっとうするほど、全員が時間を費やした会議の価値も高まるのです。

私自身にも、ファシリテーターとして「鬼の側面」を持ちながら会議を進行した結果、一部の方には嫌われ続けた経験があります。

一方で、物事がどんどん進み、新しい展開が生まれたり、新規事業が立ち上がったりしました。この結果を得て、**私を嫌っていた人たちが、手のひらを返したように称えてくれた**のも事実です。

会議の「緩さ」に慣れてしまうと、変化することやスピード感への対応に嫌気が差す人も出てきます。しかし、たとえそのような環境であっても、ファシリテーターが**会議の結果にコミットする主体者**にならなければいけないことを、ぜひ忘れないでください。

人間の本質を理解したうえで、**胆力をもってネクストアクションを決めきること**が、ファシリテーターの大切な最後の役割となります。

# 12 議事録で論理的思考を鍛える

言葉を正確に定義し、齟齬が起きないことの重要性を繰り返し説いてきました。

ここからは「議事録」をテーマに解説したいと思います。


**コンサル1年目に必ずやること、それが議事録の作成です。**

コンサルティング業界では一般的なことであり、誰もが通る道です。私も25歳でコンサルティング会社に入社し、議事録作成の洗礼を受けました。

一般的に、議事録作成は**誰でもできる簡単な仕事**だと思われています。

しかし、私の場合1時間の会議の議事録を完成させるまでに**10時間以上かかる**ことはザラでした。

上司からは一言一句レビューされ、作成しては詰められ、修正し、提出を繰り返す**「地**

**獄の作業」**となった苦い思い出があります。
なぜ、議事録の完成にここまで時間がかかったのでしょうか？　それは、以下の点についての何度も修正が必要だったからです。

・レコーダーのように一言一句言葉通りに書き起こしてしまう

議事録は第三者が見た時に誰でもわかるように書かれていなければなりません。

たとえばとある部長が「そのようにしていこうと思う」と発言したとします。

しかし、**「そのように」をそのまま議事録に書くのはＮＧ**です。

「そのように」が指し示している言葉に置き換える必要があります。

・会議の発言順に書き起こしてしまう

議事録は、時系列に書いてはいけません。

会議中は論点が飛び飛びになることが多々あるからです。

会議開始10分に発言した内容と、45分前後に話した内容の**論点が一緒であれば、同じ**

**カテゴリとしてまとめて記載する**必要があります。

話の内容を常に構造化しながら整理しなければならないのです。

### ・日本語が長すぎる

私が圧倒的に苦労したのが日本語の記載です。

議事録では本人の発言の意図を変えないように、かつ、一言でわかりやすくまとめた言い方に直すことが求められます。

しかし、**どうしても長ったらしい日本語**になってしまい、議事録を見る第三者を辟易《へきえき》させてしまいました。

議事録の仕上がりによってコンサルとしての素養を評価されることがあります。

**議事録を見るだけで「あいつは仕事ができる・できない」と判断されるのです。**

では、なぜコンサルでは議事録作成が重視されるのでしょうか？

それは、議事録が**論理的思考力を試される最強のアウトプット**だからです。

議事録は「会話内容を書き起こすもの」と思われていることが多くあります。

しかし、実は違います。コンサル時代に求められていた議事録は、**議論の要旨が端的にわかり、会話内容が明確で、ネクストアクションがまとめられているもの**です。関係者が議事録を閲覧したときに、誰が見ても齟齬なく共通認識を持つことができ、話が構造化されて見やすい資料になっている必要があります。

具体的な発言内容を整理・分解し、話の結論を要約するための**論理的思考力が、議事録には求められる**のです。

**・会議の内容を討議テーマごとにカテゴリでまとめる**
**・各カテゴリごとに決定した事項を記載する**
**・その決定された根拠となる会話を記載する**

議事録を書くことで、要約力と分解力を徹底的に鍛えることができます。

つまり、日々の議事録作成で**構造化の訓練をする**ことで、コンサル脳がつくられるといっても過言ではありません。

# 13 構造化して整理する

議事録でいきなり**「構造化」**の訓練をしろと言われても、イメージするのは難しいと思います。

ここでは構造化することの大切さと、構造化の具体的なやり方をお伝えしていきます。

まずは簡単な例を見てみましょう。親から**「買い物に行ってきてほしい」**と言われたあなた。何を買えばいいのか親に聞いたところ、次のように答えられました。

・**構造化できていない例**

「トマトと、イチゴと、水と、ナスと、キウイと、ニンジンと、あと牛乳も必要。それから、バナナと、あなたの好きなコーラも買ってきて」

いかがでしょうか？　あなたの頭の中は、下の図のようになっていると思います。

これを構造化した場合、どのように変わるでしょうか？

**・構造化できている例**

「全部で9つ買ってきて。飲みものと果物と野菜ね。飲み物は、水と牛乳とコーラ。果物はイチゴとキウイとバナナ。野菜はトマトとナスとニンジン。よろしくね」

いかがでしょうか？　これが構造化のイメー

図9　構造化できていないイメージ

ジです。

バラバラに商品を伝えるのではなく、**カテゴリーで分けてから、具体的な商品を伝える**ことで、相手も頭の中で整理しながら聞くことができます。

**まずは全体像を伝え、そこから具体的な事象に入っていく**ことが重要です。

この構造を利用することで、相手によりわかりやすく伝えることができます。

図10　構造化できているイメージ

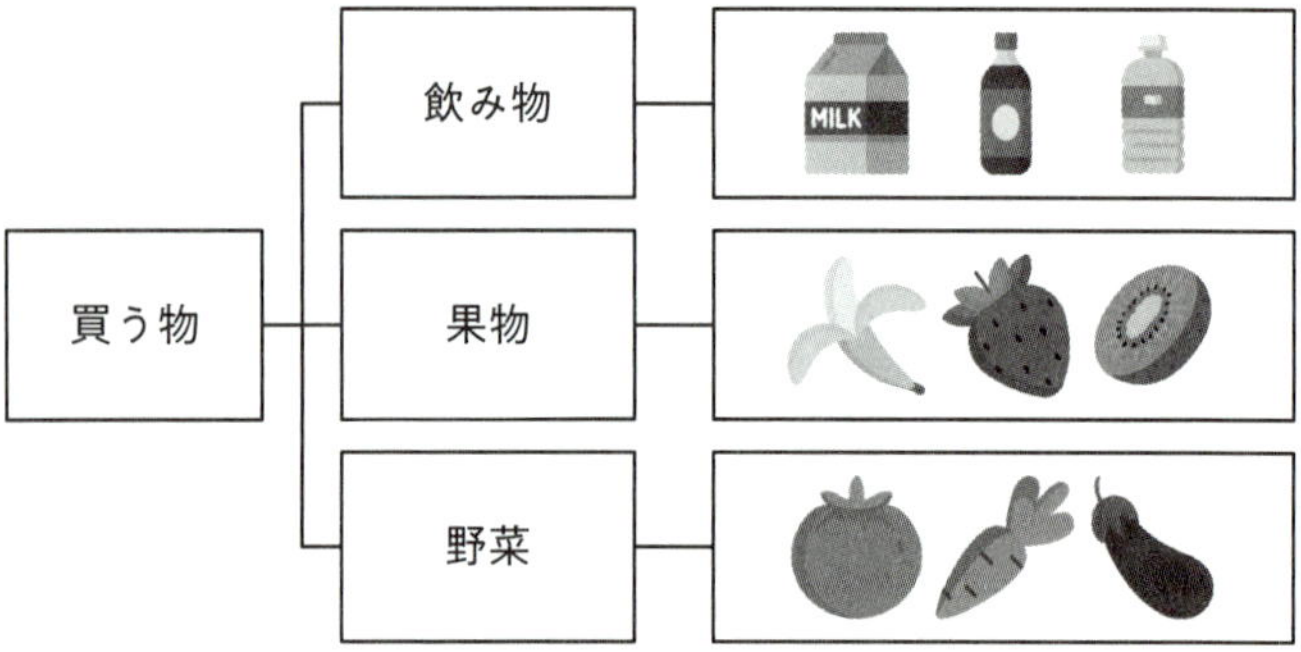

# 14 カテゴリに分けてまとめる

ここでもう一つ、例を見てみましょう。

以下は、会議で話した内容の議事録です。

この議事録は実際に私が経営している牛乳販売店の営業会議を基に作成しました。イベントで牛乳を試飲してもらい、契約をとるスタイルの営業活動について、営業全般の課題が話し合われた会議です。

・営業メンバーが不足してきたため、新たに○○○の媒体を活用して5月中に採用原稿を出稿、7月までに新規採用10名を目指す。
・営業イベントの次回日程は6月1日を予定。
・新たな顧客獲得の営業手法として、チラシとＷＥＢ広告を佐藤さんが主導で6月1

日から開始する。
・イベント日程調整の前に、営業スタッフのシフトを毎月15日までに提出するよう各店長が共有する。
・営業現場では「私たちができること」を先に見込み客に提示した上で課題をヒアリングするという順序に変更して実践する。
・5月15日までに営業の給与規定やインセンティブ体系について修正案を確定。採用原稿と採用HPに田中さんが掲載する。

会議の決定事項はまとめられているように見えます。

しかし、**どこか読みづらく、わかりにくさがある**ことも実感いただけると思います。

それでは、構造化によってどのように整理できるでしょうか。改善したものが次の議事録です。

★営業イベント開催日程について

・営業イベントの次回日程は6月1日を予定。
・イベント日程調整の前に、営業スタッフのシフトを毎月15日までに提出するよう各店長が共有する。

◆営業手法の改善案について
・新たな顧客獲得の営業手法として、チラシとWEB広告を佐藤さんが主導で6月1日から開始する。
・営業現場では「私たちができること」を先に見込み客に提示した上で課題をヒアリングするという順序に変更して実践する。

●営業メンバーの採用について
・営業メンバーが不足してきたため、新たに○○○の媒体を活用して5月中に採用原稿を出稿、7月までに新規採用10名を目指す。
・5月15日までに営業の給与規定やインセンティブ体系について修正案を確定。採用原稿と採用HPに田中さんが掲載する。

いかがでしょうか？　この例では、話し合われた内容を**3つの具体的なカテゴリ**に分け、まとめています。このように構造化することで、わかりやすく伝わる議事録になりました。

**「カテゴリに分け、並べ替えて、要約をする」**を日々の活動で実践することで、非常にわかりやすい伝え方を身につけることが可能です。もちろん、頭のなかでできるようになれば、**対面でのコミュニケーション**にも使えます。

ぜひ、トライしてみてください。

# 15 「発言にない言葉」を補完する

議事録は、書かれた言葉がすべてです。書き言葉によって相手に伝え、理解させ、行動を促すものになります。

つまり、議事録を読んだ人に**「口頭で補足する」ことはできません。**そのため、不備のある議事録では、**誤解や解釈の違いを生む**可能性もあるのです。

だからこそ、コンサル時代の私は上司に一言一句修正を求められました。記載した内容のすべてに根拠を求められ、徹底的にしごかれたというわけです。

コンサル時代のとある社内会議のことです。新人だった私が、議事録作成を担当していました。

上司が「製薬業界の市場分析資料を早めに取りまとめ、クライアントに送ることをメモしておいて」と言い、私はその発言を議事録に記入しました。

完成した議事録を上司にメールし、一段落と思いきや、想定もしていなかったことで上司に叱責されたのです。

「ここに書いてある **〝早め〟っていつのことだ？** クライアントに送る担当者は誰だ？ こんなあいまいな議事録を書くな」

私は思わず **「言われたとおりに書き起こしたのに、何が悪いんですか？」** とつき返すように反論しました。

すると上司が私の目をカッと睨《にら》んでこう伝えたのでした。

「いつまでに誰がやるべきか、疑問に思わなかったのか？ 西原が疑問に思わないかあえて試したんだ。**議事録を担当する以上、あいまいなことを書かないように、自ら疑問を持ち、相手に確認するまでが役割だ**」

その場で叱責されたときは、「そりゃないよ」という感情になっていましたが、いま改めて考えると、まさに上司の言うとおりでした。このとき私が学んだのは、次のことです。

**議事録担当者は、書き起こすだけが仕事ではない。**5W1Hで不足していたり、あいまいな箇所があれば、**自ら会議内で質問し、言葉を補う責任がある。**

私はこのマインドセットを厳しく教えてもらったおかげで、議事録担当であろうと会議で発言し、**あいまいな部分を徹底的になくす**習慣を身につけることができました。

あなたが議事録を担当するときも、あいまいな部分を見逃すことがないように誰の発言に対しても疑問をもち、自ら確認する意識を持ってぜひ会議に臨んでください。

「誰が見ても間違いのない議事録」を書くポイントをまとめると、次のとおりです。

- 形容詞、副詞を活用したあいまいな言葉は一切使わない
- 誰が、何を、いつまでに、どこまでなどの5W1Hの観点で補足する
- 会議の発言内容で不足があれば、自ら発言し内容を補完するように努める

6 章

# 仕事ができる人の「ノート術」の当たり前

# 01 A4ノートを使う

とりあえずメモはするけど、**後で見返さない。**

見返したとしても、**どこに何が書いてあるのかわからない。**

結果、**ぐちゃぐちゃのノート**だけが残り、**自己嫌悪**に陥ってしまう。


そんな経験はないでしょうか。

**何も考えずにメモを取るだけ**で、会議や打ち合わせをなんとなくやり過ごしてしまい、その後、自分が何をすればいいかわからず、上司に聞いて怒られる。

私自身も、そんな負のサイクルを過ごしていました。

ある朝、途方に暮れながらオフィスに出勤した私は、「このままではいけない」と思い、社内でも特に仕事が速く優秀だと評価が高い上司の横に座りました。

**「仕事ができる人は、どうやって頭の中を整理しているのだろう？」**

この疑問を解消するために、上司を徹底的にリサーチしたのです。

その結果、わかったことが一つありました。

**「1冊のA4ノートを横に使う」**

その上司は、いままで私が見たことのないノートの使い方をしていたのです。

あっけに取られた私は**「何ですか、このノートは!?」**と上司を質問攻めにしました。

するとその上司は、ノートの使い方についてこう答えてくれたのです。

- **A4のノートを縦ではなく、横に使え**
- **「①TODO、②TODOの障害、③振り返り」の項目で分けろ**
- **1日に「見開き1枚を使う」を徹底しろ**
- **表紙側からは「TODO」、裏表紙側から「アイデアや学び」を書き留めろ**

どれも常識外れの使い方ですが、理由を聞いてすぐに納得しました。

・A4のノートを縦ではなく、横に使え

自分のやることや、やることの障害、振り返りが「一目」で見える。**「このページだけ見ればいい」**ので、どこに何が書いてあるかで迷わない。

・「①TODO、②TODOの障害、③振り返り」の項目で分けろ

TODOだけ書いてもたいていの仕事は進まない。TODOを進めるうえで**「何が障害か」を明確にしてはじめて仕事は進む。**また、1日を振り返り、「なぜTODOができなかったか」をまとめることで翌日以降の改善ができる。

・1日に「見開き1枚を使う」を徹底しろ

ノートを見直さないのは「どこに何を書いたか」わからなくなっているから。「1日1見開き」のルールを守れば、**目的のページをすぐ見つけられる。**

**・表紙側からは「TODO」、裏表紙側から「アイデアや学び」を書き留めろ**

毎日の「TODO」と、「アイデアや学び」を別のノートに記録してしまうと、作業も手間も増えて、結果として振り返らなくなる。

**「この1冊だけ見ればいい」仕組み**をつくり、**振り返りを効率化**することで、メモを取った意味も最大化できる。

上司が教えてくれた「仕事ができる人のノートの使い方」を真似するだけで、頭の中が圧倒的に整理され、やるべきことが見え、仕事を速く進めることができるようになるのです。

次のページから、詳しく解説します。

## 02 縦型ノートをヨコに使う

上司のノートを見て、まず驚いたのは**「ノートをヨコに使っていた」**ことです。

もちろん、横型のノートは数多く世の中に存在します。とはいえ、学生時代から使い慣れ、仕事でも使うノートといえば、縦型がほとんどのはずです。

ノートの大きさも一般的なB5サイズ(縦が約26センチ)ではなく、**一回り大きなA4サイズ(縦が約30センチ)**でした。

大きなノートをヨコに使う。はじめて見たときは「デッサンでもするのでは?」と思うほど、馴染みのない使い方でした。

ノートを買うとき、「いつでもメモが取れるように」とポケットに入るサイズを選ぶ人も多いと思います。もちろん、目的次第で小さいノートを使ってもよいと思います。

しかし**「仕事ができる人になる」ために大切なのは、ノートを使って「やるべき仕事が一目で把握できる仕組み」をつくること**です。

そのために必要なのは**「横書きで使える範囲の広さ」**となります。A4ノートをヨコ型で使うことで、圧倒的に視認性が高まるのです。

また、**左から右へ書く**ことで、カテゴリごとに関連性が整理され、一目でわかるようになります。たとえば、「今日のTODO」を整理する際でも、「上から下」に書くタテ型より、ヨコ型の方がTODOの関連性がパッと見てわかりやすいのです。

A4ノートは、**手軽に入手しやすいノートで最大のサイズ**です。できる限り書ける範囲が広いものを選ぶことで、1冊のノートにさまざまな情報を集約できます。

## 03 「1日1見開き」を守る

次に大切なことは**「1日に必ず1見開きを使う」**ことです。

ポイントは、TODOや会議のメモがなく**「真っ白なページ」**や**「余白ばかりのページ」**になったとしても**「次の日は、次の見開きに進む」**ことです。

最初のうちは、空白や埋まっていないスペースがあるのに次のページに進むことに、違和感があるかもしれません。

私も「ノートは前から順に埋めていくもの」と考え、律儀にメモを取っていました。

その結果、1ページの中に「今日のTODO」だけでなく「昨日のTODO」や「先週の議事録」、さらに「日付がない情報」までも混在してしまいます。

そして結局、**あとから見返したとしても「何がなんだかわからない」カオスな情報の**

**塊**になってしまったのです。

ノートを無駄に使うことで「もったいない」と感じる気持ちはよくわかります。

しかし、「ノートを**きれいに書くことが目的ではない。**メモをした内容をどう仕事に活かすかが大切だ。**目的を考えてノートを使え**」と私は上司に言われ続けました。

「見開き1ページを1日」と決めることで、余計な情報を混在させずに、「本日のTODO」「TODOの障害」、そして「1日の振り返り」までを完結させることができます。

また、見開きの下側には「会議のメモ」や、「取引先との会話メモ」などを記入することで、**「その日に起きたこと」がすべて可視化できる**のです。その結果、「翌日以降の依頼事項」もすぐ把握できるのです。

たとえば、上司から「先週の定例会議後に伝えていたリサーチデータの件だけどさ……」と言われたときにも、その日の見開きをパッと見つけ、上司とのやり取りをすぐに調べることができます。

ここまで紙のノートのメリットをお伝えしてきましたが、「紙のノートではなく、**メモアプリなどを使えばいいのでは？**」と思われたかもしれません。もちろん、デジタルツールは大変便利なので、私自身も最大限に活用しています。

ただ、紙のノートの優れた点は「ＴＯＤＯも、振り返りも、会話メモも**一つの見開きに集約し、一発で把握できる**」ことです。

それでは、ノートの使い方を具体的に解説していきます。まずは見開きの「上ページ」です。「本日のＴＯＤＯ」を洗い出し「行動に移せるようにする」ために使います。

ノートを横向きに開いたあと、最初にやることは極めてシンプルです。

それは「２本の線を引いて、上ページを３分割すること」です。

次の図のように、ゾーン１、ゾーン２、ゾーン３の順に面積が狭くなるようページを分割してください。縦横ともに「６：４」くらいの比率になるよう、線を引きましょう。

図11　ノートを分割する

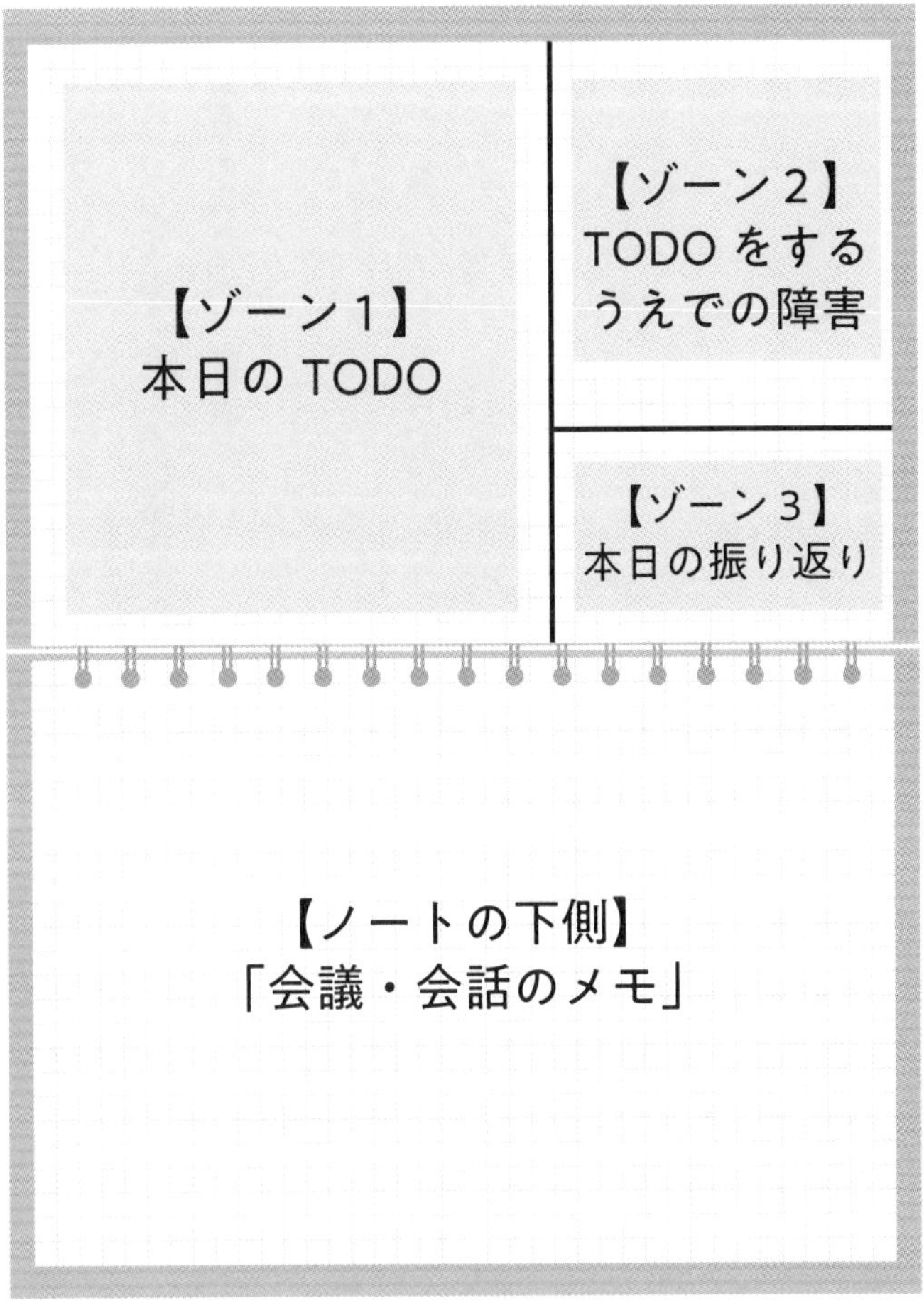

ゾーン1：「本日のTODO」を書く
ゾーン2：「TODOをするうえでの障害」を書く
ゾーン3：「本日の振り返り」を書く

ノートを横に使うので、「横罫線」のノートではなく**「方眼ノート」**を使ってください。フリーハンドで線を引きやすくなるため、おすすめです。

几帳面な方は「定規を使ってきれいに線を引きたくなる」かもしれませんが、あくまで「どこに何を書くか」を分けることが目的なので、正確な線にこだわらなくても大丈夫です。

# 04 未完了のTODOを振り返る

学生時代には**「1予習→2授業→3復習」**という勉強習慣が身についていた人がたくさんいると思います。

しかし、社会人になると、予習（＝仕事の準備やインプット）はするものの、**復習（＝振り返り）をしなくなった人**が多いのではないでしょうか。

そのため、社員に振り返りをさせるために「1on1」の時間を取って上司が部下と話をするなど、育成に力を入れる会社も増えています。

私もかつては日々の仕事で手一杯になり、仕事が終わったら疲れてしまうので、振り返りをする余裕などまったくありませんでした。

しかし、今は自分自身で毎日を振り返り、改善点を見つける習慣を続けることができるようになりました。その大きなきっかけとなったのが、コンサル時代の上司の一言です。

## 「本当に自分を振り返れるのはお前だけ」

当時の私は、あまりにも「ダメ社員」だったので、毎日上司から大量のフィードバックをもらっていました。

しかし、仕事が山のように積み重なるなか、フィードバックされた点を改善できずに放置していたのです。その結果、上司から同じ指摘を何度もされていました。

「何度でもフィードバックはしてあげるが、**フィードバックはただのインプットに過ぎない。**フィードバックされたことを自分自身で振り返らなければ、アウトプットにつなげることはできない。**次に活かせるのはお前だけ。**本当に自分を振り返れるのはお前だけだ」と。

それまでは超多忙な中で自分を振り返ろうとしても、モチベーションすら湧きませんでした。しかし、上司の言葉を聞き、**人間の成長を左右するのは「今日の活動を自分自身で振り返り、日々改善するかどうか」**だと考えを改めたのです。

ただし、「振り返りをする」と言っても「今日は疲れたなぁ」「部長とのやり取り大変だったな」「褒められて嬉しかったな」と**自分の感情を振り返るだけでは、意味がありません。**

ノートの振り返り欄には、今日やる予定だったのに、できなかった**「未完了のTODO」**に対して次の2点を丁寧に考え、書いていきます。

- **原因：なぜこのTODOが消化できなかったのか？**
- **対策：どうしたらTODOが消化できたか？**

今日自分がやろうとしたこと（**①目標**）が、どうなったか（**②現状**）。そして、どのくらいの差分**（③ギャップ）**があったのか。

この3つの視点で整理しながら、TODOを完了できなかった原因と、その対策を書き出してください。

1日の始まりにTODOを整理し、優先順位を決め、分解し、障害も考え、理想的なスタートをきれたのに、**1日が終わったときに振り返ると、TODOの半分も進んでいなかった**とします。

この時、大切なのが差分（③ギャップ）です。このギャップを解消するために「原因と対策」を考え、改善点を箇条書きにしながら振り返っていきます。

図12　目標→現状→ギャップ

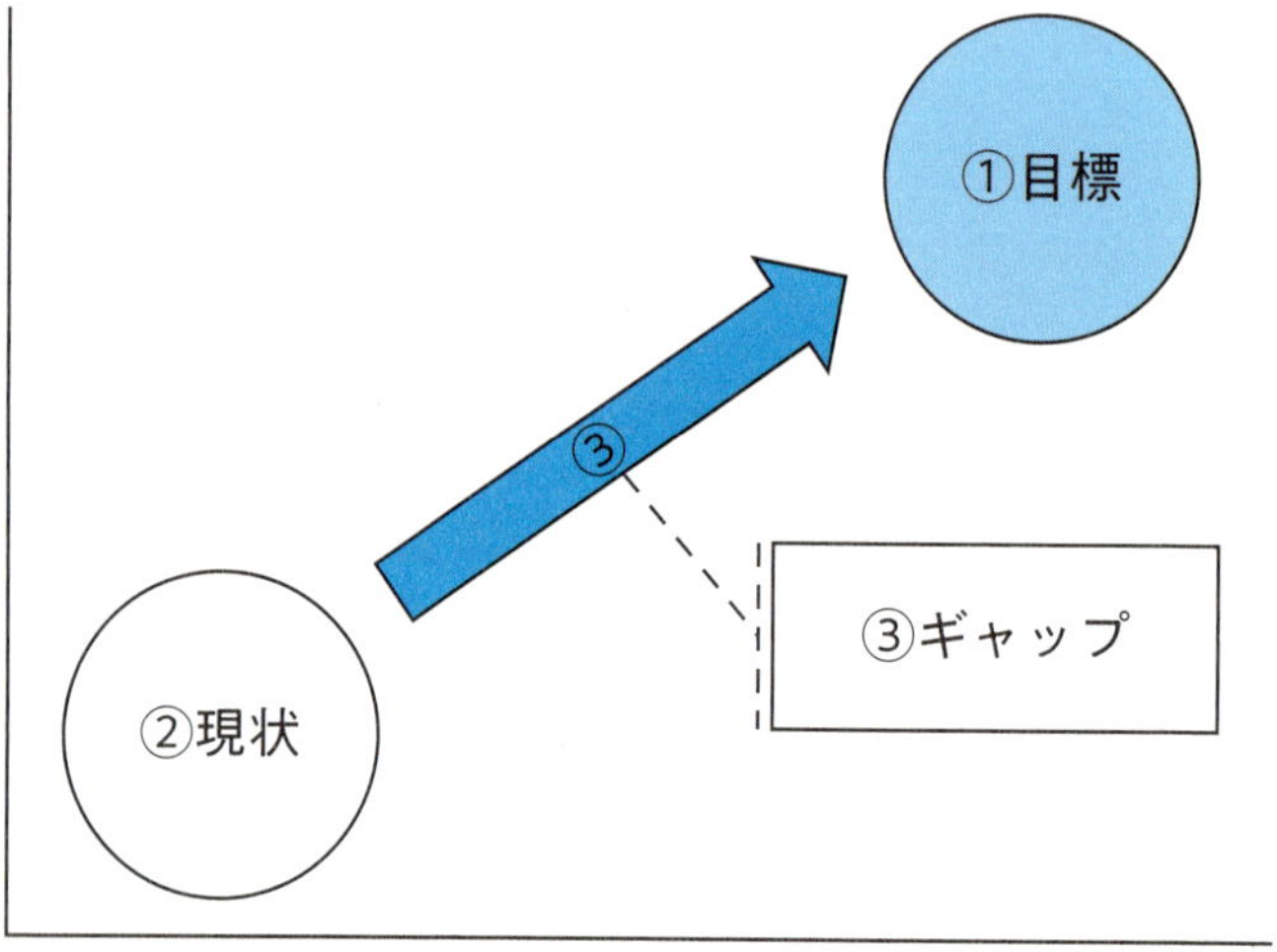

以上、見開きの上ページの書き方について説明してきました。最後にお伝えしたい重要なポイントがあります。

それは**「ノートがきれいに目一杯埋まらないからといって、ノートに書き出して整理する習慣を、途中で止めない」**ことです。

日によってＴＯＤＯが少ない日もあれば、ＴＯＤＯの障害がない日も当然あります。

そんな日が続くと「わざわざノートを使う意味はないのでは」と感じるかもしれません。

それでも、ノートにＴＯＤＯを書き出すことのメリットがあります。それは**「脳のリソースをノートに移す」**ことです。

「脳はクライアントの**課題や解決策を考える**ために使い、何かを**記憶し続けるために使うな**」

仕事ができる人は**「自分の頭のリソースを何に使うか」**を非常にシビアに判断しています。私もコンサル時代の上司に「そんなことに頭を使うな」と何度も注意されました。脳の貴重なリソースを増やすためにも、ぜひ**「ノートを無駄に使う」習慣**を身につけてください。

# 05 メモは1枚に収める

続いて、見開き1ページの「下側のページ」の使い方を解説します。

「下ページ」は、その日に起きた**「会議のメモ」**や、上司とのやり取りの**「会話のメモ」**などを書くスペースです。会議や他者とのやり取りがない日は、もちろん**「空白」**になります。

たとえば、TODOを進めていると、資料の構成図や考えの棚卸し、アイデアのメモなどを下のページに書きたくなります。

しかし**「もったいないから」と思って、余計なことを書き込んではいけません。**

自分の考え事・アイデア・資料構成の下書きについて「○月○日に考えたアイデアは……」と日付を基に検索して振り返る人はいないはずです。

一方で、会議や打ち合わせについては、「○月○日に実施した会議」と、日付に沿って振り返るのが一般的です。

**見開きを1日単位で使っているメリットを最大限活かす**ため、下ページはあくまでも会議や他者との会話メモに限る。これを徹底してください。

また、長時間の会議メモを書く場合などでは**「スペースが少ない」**と感じる方もいると思います。

しかし実は**「A4用紙1枚に収める」**ことが**重要な情報を選別し、仕事を速くする**コツなのです。

仕事ができるコンサルタントは、**「要は何?＝So What?」「だから何なの?＝Why So?」**という疑問を常に頭に持って仕事をしています。

メモを取る際も「要は何?」「だから何なの?」を意識することで、より簡潔にまとめることが可能です。

# 06 ノートは裏面側からも使う

さあ、ノートの使い方の説明はこれが最後です。

表面からは前述の通り、TODOや会議のメモを1日単位で見開きに書き進めます。

そして、**裏面からは自分用の「アイデアメモ」や「備忘録」を書きためていく**のです。

「作成する資料の構成」など業務で必要なものだけではなく、**「仕事中に思いついたアイデア」**や**「上司からの金言」**など**「自分を成長させる考え」**を書き留めるためのゾーンとして活用ください。

私は特に**「上司からのフィードバック」**をひたすらに書き留めていました。

覚えておきたい上司からの金言を、日々のTODOや会議メモなどに紛れ込ませて書いてしまうと、「あれ？　なんて言ってたっけ？」とあとから必ず探す羽目になります。

しかし「裏からのメモ」にまとめておくことで、「自分の考え」や「上司からのフィードバック」など、**「繰り返し読みたい情報」が非常に探しやすくなる**のです。

会議中にはノートを前から使い、会議終了後にノートをくるっと一回転させて、上司のフィードバックで得た金言を、大切なこととして後ろから書き留める。

日々**ノートを回転させながら使う**ことで、「仕事ができる人」への成長が促進されます。

このノート1冊に、自分が今まで取り組んできたTODOが蓄積されています。さらに、TODOを進めるうえでの障害も、それを乗り越えてきた日々もわかります。そこに自分の気づき、アイデア、上司の金言もまとめあげることで、短時間で質の高い学びを得ることができます。

**「仕事を速くする」「思考を整理する」「自分を成長させる」**をたった1冊のノートで実現することができるのです。

# 7章

# 仕事ができる人の「インプット」の当たり前

# 01 本は読みきらなくていい

コンサル時代、上司から教わった読書の大前提があります。

それは**「本を読みきらない」**ことです。

ただし、**ビジネス書など情報を入手するための読書**に限った話です。

小説や哲学などの「本を味わうこと」を大切にする読書には向きません。

私がコンサル会社にいた当時、ネットの情報は今よりも圧倒的に少なく、また信憑性も低くみられていました。そのため、**自分に足りない知見を補うためには、読書が最も有効な手段**でした。

これは現代の世の中でも変わりません。しかし、ただ本を読めばいいというわけではありません。**読書で大切なのは「なぜ本を読むのか」を明確にすること**です。

特にコンサル時代は「財務分析に必要な知見」や「製薬業界の動向と事業構造」など、未知の分野に対して自分で情報を集め、理解し、アウトプットできなければ読書する意味がありませんでした。

逆に言えば、**アウトプットに必要なインプットさえできればよい**のです。

本を読む目的は自分自身の知見を高め、アウトプットすること。

そう考えると、「本をすべて読みきること」は目的ではありません。

しかし、**「本は最初から最後まで目を通して読むべきもの」という強迫観念**に近い思いを抱いている方も多いのではないでしょうか？　実は、私もその一人でした。

そんな私が、上司からもらった金言を紹介します。

**「たった一文でも自分に刺さり、仕事で使えるようになったら、その本の役目は終わりと思え」**

自分の行動が変われば、それ以上、本を読まなくてもいい。むしろ、**惰性で読み続けるのは時間の無駄**になると教えられたのです。

たしかに私自身、本を買っても読むのが遅く、ようやく終わりが見えてくると「最後まで読むこと」が目的となり、流し見でパラパラと理解もせず読了する傾向がありました。

しかし、**たった一文でも自分に刺さり、明日から活用できるマインドセットや知識、技術を得られた**のであれば、**その本は自分にとって役割を果たしてくれた**と考えてよいのです。

では、具体的にはどのように本を選んで購入し、どう読み進めればいいのでしょうか。

ちょっと刺激的な「コンサル流の読書術」を次のページからご紹介したいと思います。

02
# 本は1分以内に買う

**書店は自分の知見を高めてくれる宝庫**です。

コンサル時代、夜遅く帰ることが多かった私は、昼の合間を縫って書店に行き、必要な本を漁っていました。今考えると**1ヶ月の半分は書店に足を運んでいた**と思います。

書店で立ち読みをし、気づいたら熟読していることも多く、1時間以上入り浸ることもめずらしくありませんでした。

入社して半年経った頃、業務時間外に上司とともに書店に寄ることがありました。

私はいつもどおり**ゆっくり立ち読みして、10分から15分かけて1冊ずつ物色**していました。

しかし、**上司は書棚でタイトルを見て、本を手にするとパラッと目次だけ見て、どん**

す。

**どんカゴに入れていきました。**そして結果的に10冊以上もの本を買い漁っていたので

「あんた何してんの？」

上司はギョロッと目を見開き、立ち読みしていた私に鋭い眼光を向けました。

そして、立て続けにこう言ったのです。

「**どの本を買おうか悩んでいる時間がもったいない**でしょ。タイトルと目次だけ見て、自分に必要かどうか判断して、**1分以内に買いなさいよ**」

私は1冊1500円から2000円する書籍を即断で買うのはもったいないという価値観でしたが、上司からすると「本を吟味《ぎんみ》している時間こそもったいない」という考え方でした。

上司は**「本を選ぶ作業」と「インプットする作業」は明確に分ける**ように指摘しました。たしかに、立ち読みの時間は「この本を読むべきか、買うに値するか」と悩んでいるだけです。立て続けに上司はこう言います。

「あんた、**自分の時間単価を理解しているの？**」

コンサルという職業柄、クライアントにチャージする1時間あたりの金額（報酬）は、世間一般からすると、とんでもない金額です。業務時間外だとしても、**自分の時間単価を意識していない**プロ意識の低さを指摘されたのです。これは、どの業界の人でも同じだと思います。

もう1点、本の選び方として重要なのは著者です。

**どういう著者が執筆した書籍かを重視しろ**と上司からは教えられました。

特に注目すべきは著者に「信頼できる実績」があるかどうかです。

たとえばサプライチェーンマネジメントに関する書籍であれば、執筆者が**「実際に業務を経験し、変革してきたスペシャリストかどうか」**が重要となります。そうではなく、評論家やご意見番のような著者が書いた本は避けた方が無難です。

ビジネスに必要な書籍を選ぶ際の参考にしていただけると幸いです。

## 03 本は「答え合わせ」に使う

私がコンサルタントだった当時は、iPhoneもまだ日本に上陸していませんでした。

そんな当時、**ネットで検索した情報を仕事で使うことは、ほとんどなかった**のです。

そのため、書籍や有料契約しているデータベースからプロジェクトに必要な情報をインプットし、資料づくりをしていました。

しかも「3日で製薬業界の市場や競合環境、海外の製薬メーカーの課題を洗い出しておいて」など、とんでもないミッションを伝えられ、即座にこなさなければなりません。

ただ情報を集めるだけでなく、上場企業のIR情報（有価証券報告書）や中期経営計画書、財務上の分析、事業ごとのシェアから競合比較まで、**調べることは多岐にわたります。**

さらに、その分野に関する経験や知識もないので、**資料を見ても何が書かれているのかすらわかりません。**

それを補うために、業務外で自学自習を進めました。

本屋に行き、必要な本を買って読み漁り、仕事に活かすというサイクルを超高速で行わなければなりません。

私には社会人経験もなく、牛乳配達という仕事しかしていなかったわけですから、必死に勉強を続けました。

そんな私を見た上司から**「西原は本をどうやって読んでるの？」**と尋ねられました。

私は「どうやって読んでるというか、どうもこうもなく読んでいます」と答えました。

すると、上司は「お前はただでさえビハインド（＝遅れ）がある。そのビハインドを克服するためにも**本当に意味のある本の読み方を教えてやろう**」と言って、次のような読書術を教えてくれたのです。

**①まず目次を見る。内容は見ない。**

**②各目次で「何が書かれているのか」について、自分の仮説を書く。**

**③各目次の該当箇所を読んで、答え合わせをする。**

上司はこの本の読み方を「**仮説で読む**」と表現していました。

仕事に活かすための読書では、インプットの後にアウトプットできなければ意味がありません。ただ読むだけではなく、自分の頭に知識として定着させなければならないのです。

そして、インプットにおいて**一番吸収効率がいいのは「自分の考えとのギャップを感じたとき」**です。「**こうだと思ったけど、違った**」という体験が、記憶を定着化させます。

学生時代の勉強と同じです。

**問題を解く（＝自分が考える解答を書く）**

**正解か不正解かがわかる（＝自分の考えと合っていた、違っていた）**
**不正解の原因を究明する（＝なぜ自分の考えが違ったのか？）**
**次から正解になるようにする（＝正しい情報をインプットする）**

勉強も、ただ教科書を読むだけでは記憶に残りません。問題に対して、自分で考えた答えを出し、その答え合わせでギャップが見つかるからこそ、理解が進み、記憶に残るのです。

さらに、この読み方の素晴らしい点は、**大量の文字のなかで、どこに結論が書いてあるかに着目して読むことができる**点です。

一般的なビジネス書は２００ページから３００ページ程度のボリュームがあります。せっかく読みはじめても、自分が知りたい結論になかなかたどり着けず、仕事に活かせない。あるいは情報が多すぎて、結局大切なことが何なのかわからない。そんな経験のある方も多いのではないでしょうか？

自分の頭で仮説を考えてから読むと、**ただのインプットではなく、答え合わせのマインドセット**で本に向き合えます。

**「どこに答えが書いてあるか」を探しながら、集中して読み進める**ことができるのです。その結果、無駄な箇所を省いた速読にもなり、効率的な読書となります。

## 04 スライド3枚に要約する

多忙なコンサル時代、私は最もアウトプットに結びつくインプットの方法を模索していました。

しかし、自分では最適解が見つからず、上司に相談したところ、地獄のようなインプット生活に突入することになったのです。

上司から指示されたインプットの内容はシンプルでした。

**「毎週本を1冊読み、スライド3枚の資料に要約して、説明する」**

これだけです。「月はじめに毎週読む書籍を購入し、書籍タイトルを上司に伝え、週単位の1on1で私が書籍の要約を説明し、上司からレビューを受ける」というものでした。

しかし、300ページ前後の書籍を**たったスライド3枚に要約するのは想像よりも難しい**ものです。

さらに、ここまで読んでくださったあなたには共感いただけると思うのですが、**「優秀なコンサル上司に、口頭で説明する」**こと自体、非常に厳しい試練です。

今回のトレーニングにあたり、上司は**「大量のインプットを日々の業務や自分の成長に活かすためには〝要約〟がすべてである」**と言い切っていました。

たしかに何百ページもある書籍を読むだけで、自分の成長や業務に活かすことは実際には難しいものです。

- 結局何が学びだったのか？
- どう改善すればいいのか？
- この業務の一番重要な点は何か？

など、書籍の内容をまとめる作業が必要になります。

言い換えると**「要約できなければアウトプットできない」**のです。

読書を通じ「何を学び、どう業務や自分の成長に活かすのか」を言語化し、相手に対して自分の言葉で伝えられるようになって、初めてアウトプットができるといえます。

それからというもの、出社前の時間や業務終わりの時間にひたすら本を読み、3枚の紙に要約する地獄のトレーニングの毎日でした。

当初は私も甘く考えて「やればできるはず！」と意気込んでいました。

しかし、早朝から深夜まで仕事漬けの生活でしたので、合間を縫って本を読み、要約する作業は想像以上に過酷でした。

そして、1on1の当日。必死になって要約した資料をもとに上司に説明すると、上司からビックリするようなフィードバックをもらいます。

**「こんなこと、本の中に書いてなかったよ」**

なんと、私よりも超多忙な上司が同じように本を読み、即答でフィードバックできるレベルまで理解を深めていたのです。まさか、そこまでやってくれるとは思ってもみなかったので、本当に驚愕しました。

それからというもの、**「どんなに忙しくても、絶対に読まなければならない」**と尻に火がつきました。私は無我夢中でこのトレーニングを続けたのです。

この結果、**大量の知識と学び**だけでなく、**要約力や説明力などアウトプットする力**も大いに鍛えられました。

最後に、書籍を要約するポイントを紹介します。

### 1：書籍の要旨

・書籍はどんなテーマについて書かれていたか？
・筆者が特に重要視する主張（メッセージ）は何か？

### 2：具体的な内容

・各テーマの結論とその根拠は何？

### 3：学び

・自分が想定していたことと本書とのギャップはなにか？
・具体的にどうこの知識を活用していくか？

いかがでしょうか。

このように、問いを立て、それに答える形で要約すると、端的にまとめやすくなります。**「書籍の要旨」、「具体的な内容」、「学び」**の3構造に分けてまとめることで、たった3枚のページで1冊の書籍を振り返ることができます。

**時間がなくても、すぐに見返せる情報は、自分の宝です。**世の中には書籍の要約サービスもありますが、**自分自身の力で要約し、学びを言語化することで、いつでも使える知識になる**のです。ぜひ、あなたも取り組んでみてください！

# 05 1時間語れるまで調べる

気になった物事について調べはじめると、わからない単語に出会うことが多々あります。

一方で、**大半の人は、わからない単語をそのまま放置**しています。

その結果、「なんとなく理解して終わり」の中途半端な状態で止まってしまうのです。

**「一度調べたら、1時間語れるようになれ」**

これは私がコンサル時代に上司に言われた言葉です。リサーチする（調べる）作業が多い私に向けて**「リサーチした領域においては誰にも負けるな」**というメッセージが含まれていました。**「調べた以上は、どんな人の質問でも答えられるようにしろ」**と常に言われていたのです。

実際に、何か物事を調べようとすると「芋づる式」にわからない単語がでてきます。

たとえば**「営業利益」**というキーワードを検索すると、「事業における本業の儲けであり、売上高から売上原価、販管費などを引いた数字」とわかります。

すると、調べた結果**「売上原価？」「販管費？」**と、知らない単語が増えるわけです。

わからない言葉をさらに検索すると、今度は減価償却費という言葉が出てきました。

そして**「減価償却？」**とまた検索しなければなりません。

このように、物事を正確に理解しようとすると、**たった1つのキーワードから、何度も検索を繰り返すループ**に入っていきます。

私も、一度何かを検索したら10回以上は芋づる式に検索しています。

「一度調べたら1時間語れるようになれ」という上司の言葉を実践するためには、次の3点が必要です。

## ①人に説明する前提で調べる

**②自分の言葉で言い換えられるようにする**
**③どんな質問でも答えられるようにする**

インプットをするときに「誰かに説明する前提に立つ」と、情報を自分で噛み砕いて解釈することができます。

噛み砕くためには、芋づる式に出てきた「わからない言葉」や「不明な点」を理解しなければなりません。結果、どんな質問でも答えられるようになるまで、**ひたすら検索を続ける**必要があります。

さらに、自分で理解したつもりになっても、実際にアウトプットしようとすると、人に説明できるレベルでは理解できていないと気づきます。

人に説明する前提で調べる習慣をつけることで、せっかく調べた時間を無駄にせず、仕事に活かすことができます。

# 06 「〜らしい」を使わない

対面であっても、ネット上のコミュニケーションでも**「〜らしい」**という言葉を使う人は多くいます。しかし、この「〜らしい」は要注意です。

「ダイエットには炭水化物を抜くことが一番効果的らしいよ」

こう言った人に「なぜ？」と質問してみてください。

おそらく、90％以上の確率で、言葉に詰まります。

そしてほとんどの人は**「ネットに載っていた」**や**「SNSに○○さんが投稿していた」**と回答するでしょう。

「〜らしい」という言葉を使った場合は、**自分の理解というフィルターを通さずに、鵜《う》呑みにした情報をそのまま伝えている**にすぎないのです。

人に説明をしたとしても、根拠を示すことができないため、納得させることができません。

もし仕事で「〜らしい」を発している人がいたら、それは**思考停止している証**です。まわりの信用を失う予備軍とみなされるので注意してください。

**あらゆる仕事の根本は「人を動かすこと」です。**

営業は人を動かして契約に結びつけます。バックオフィスでは請求書を発行し、支払うように人を動かします。PRではSNSによりよい投稿をして、人を動かし、「いいね！」をもらいます。

すべて「人が動く」ことで成立します。

**人を動かすには根拠が必要です。**社内外にかかわらず、根拠をもって人に説明しなければなりません。

そこで、根拠をもって説明ができるように「情報をインプットする3つの観点」を紹介します。

①"What is it?"＝それは何？
②"Why so?"＝なぜそうなの？
③"So what"＝だから何なの？

インプットをするときは、この3つの観点を頭の中で問い続けることが大切です。

**当たり前の、極めてシンプルな問い**です。しかし、非常に地道な作業が求められます。

たとえば、「身体を絞り効果的なダイエットをするにはどうしたらいいか？」というテーマを調べ、実行するとします。

ふつうに調べると、下記のような行動をとりがちです。

「Google検索やXで調べたところ、炭水化物抜きダイエットが効果的で継続性も高いらしいので、それに取り組む」

検索で「ダイエット　効果的　継続しやすい」などと入力し、出てきた情報を鵜呑みにするケースです。

このケースの人に説明を求めると、語尾に「～らしい」がついてしまいます。

つまり、**「根拠はわからないが、ネットに載っていたから」という理由で行動し、他人にも伝えてしまう**のです。

一方で、「インプットするうえで必要な3つの観点」をもとに検索作業を行うとどうなるのでしょうか。

調べた結果に対して、以下のような疑問が湧いてくるはずです。

- 炭水化物とは何のこと？
- なぜ炭水化物を抜くと、ダイエットに効果的なのか？
- 糖質を減らした結果、何が起きるの？

これらの疑問をもとに、さらに自分自身で「問い」を立てていきます。

・炭水化物を抜くとなぜダイエットに効果的なのか？

・具体的に炭水化物のどの成分が人を太らせるのか？
・糖質と脂質の違いは何か？
・脂質を取っていい理由は何か？
・炭水化物を抜いても健康上の問題はないか？
・その他の成分でダイエットに効果的なものはないか？
・そもそも食事以外でダイエットを効果的にできないか？
・サプリメントによるダイエットの効果はどうか？
・サプリメントのどの成分で痩せるのか？
・どのくらいの期間が必要なのか？
・継続摂取による身体の被害はないか？
・医薬品摂取によるダイエットの効果はどうか？
・そもそもダイエット効果のある医薬品はあるのか？
・サプリメントと比べて金額は安いか？
・最もダイエットに効果的なトレーニングはないか？

いかがでしょうか?

一度調べはじめると、**調べるほど、どんどん新しい疑問が湧いてきます。**

その疑問をすべて解決するまで調べ続けることで、人を説得できるだけの根拠を自分で構築できるのです。

3つの観点を意識するかしないかで、圧倒的な情報量の差が生まれます。

**「いろんなことを知っている人」**や**「どんな分野でも語れる人」**は、例外なく**自分の疑問がなくなるまで、調べ続けている人**です。

ぜひ、あなたも調べ尽くす習慣を身につけてください。

## 07 仕事以外でお金を稼ぐ

仕事人生にフォーカスすると、とかく自分のスキルアップや昇進にこだわり、視野が狭くなることがあります。

しかし、仕事ができる人は**常に俯瞰して幅広い選択肢を持とう**と考えます。

また、お金を稼ぐことは目的ではなく、**お金は人生をより良くするための手段**と考えています。

「仕事」はそのお金を稼ぐための**「一つの手段」**だと考える人が非常に多いです。

前職のコンサルティング会社にはＩＰＤＰ（Individual Professional Development Plan）といって、**中長期の自分の人生の実現したい姿**を描き、描いた**人生の目標に対しての仕事の位置づけを考える**プログラムが存在しました。

あくまでも仕事は人生を豊かにするための手段であり、その手段として**今の仕事が**

**自分の幸せや目指したい目標に結びついているか**を検証します。

もちろん、仕事をすることが喜びになる人も大勢います。私自身もその1人です。一方で、**人生は仕事だけではありません。**日々社員として収入を得ながらも、**自分の人生をデザインする視点**を忘れないことが大切です。

ここで「お金を稼ぐ」というゴールを設定した場合に、どういう手段があるかを可視化してみましょう。お金を稼ぐ手段は大きく5つに分かれます。

組織内での昇進や、転職して**「①キャリアアップ」**することで給与収入を上げることがお金を得るための手段としてメジャーです。

他の選択肢を考えると、土日を活かした**②「副業」**（最近はクラウドソーシングなど簡単に企業と個人を結びつける副業のインフラがあります）や、**③「会社設立」**で起業する形態、新ＮＩＳＡで脚光を浴びている株式投資や、不動産投資などの**④「投資」**活動、そして⑤**「相続」**も、お金を得るための手段といえます。

私が尊敬する上司は、コンサルティング会社に勤務する社員でありながら、自分の会社を保有し、不動産や株式などの投資や、非上場会社の事業投資を行ったりするなど、スキマ時間を活用してお金を得るための土台を複数築いていました。

特に**「〝副業〟〝会社設立〟〝投資〟は、会社に依存せず経済的にも心理的にも自立するために必要な行動だ」**と昔から上司は語っていました。

副業、会社、投資の活動はそれぞれ稼ぎ方が違います。副業は自分の得意なことを活かして稼ぐも

図13　お金を得るための手段

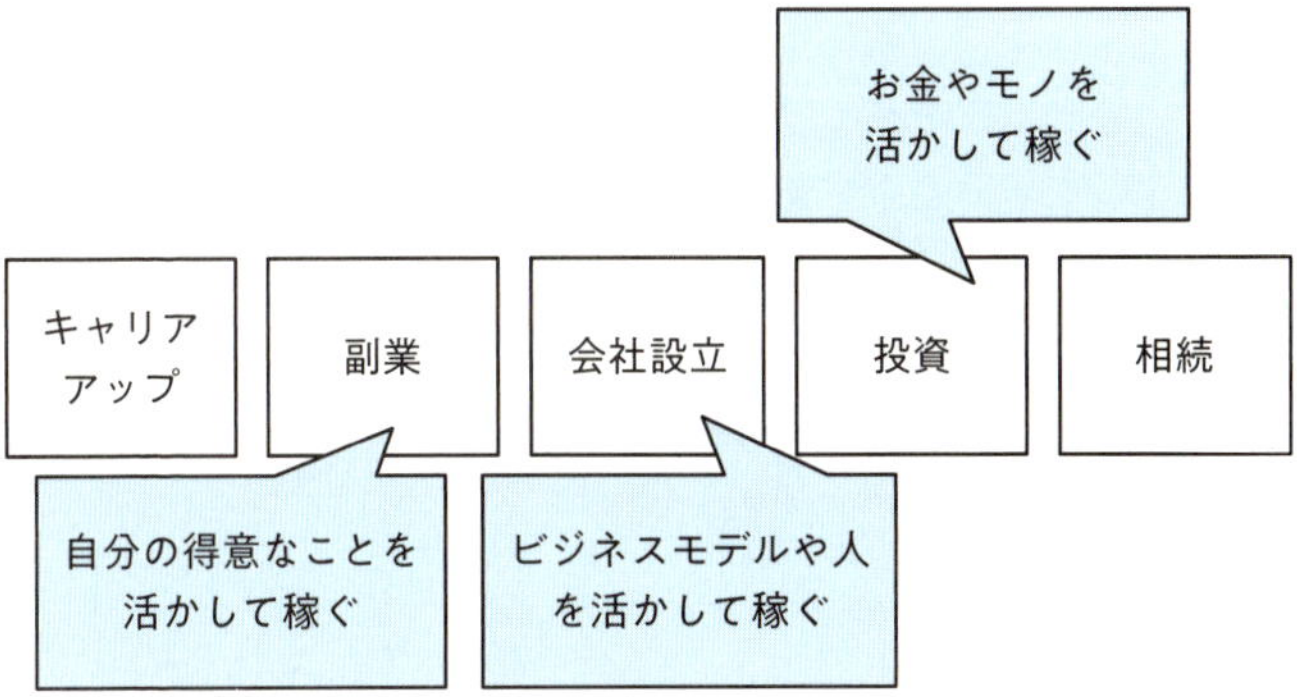

の、会社はビジネスモデルや人を活かして稼ぐもの、投資はお金やモノを活かして稼ぐものと私は定義しています。

自分が会社の業務で培った知見や能力を**横展開する（レバレッジをかける）**ことで、自分の稼ぎ方の幅がぐっと広がるのです。

私自身も今では自分の会社を持ち、非上場会社への出資や上場株式への投資、結婚相談所の運営などにもかかわっています。

レバレッジをかけるタイミングが早ければ早いほど、成果も高まります。

**本業以外の稼ぐ手段に早めにチャレンジ**し、失敗しても改善するＰＤＣＡをぜひ回してください。

# おわりに
## ――仕事ができる人は、自分の人生をコントロールできる人

本書を最後までお読みいただき、本当にありがとうございました。

私自身は**生粋の右脳派**でした。論理や仕組みとは一切無縁であり、前職のコンサル業界では毎日のように自分のできなさを痛感し、辛い経験をしました。

幸いなことに多数の**優秀な上司や同僚**に出会うことができ、そのエッセンスを学び実践したことで**後天的に自分自身の仕事のスキルを上げることができました。**

苦労して身につけていった「仕事の当たり前」を体系化することで、本書が少しでもあなたのお役に立てる内容になっていれば幸いです。

最後に、ぜひお伝えしたいことがあります。
それは**「仕事ができる人になる」**ことは、**「自分の手で人生をコントロールできる人になる」**ということです。

仕事は人生の大部分を費やすものであり、その仕事の仕方を変えることで人生の幸福度が大いに変わります。

もちろん「仕事が大好きな、仕事人間になれ！」ということではありません。

私が発信するSNSに寄せられる視聴者コメントのほとんどが**「仕事の悩み」**です。

「そもそも仕事をしたくない」「認められたい」「成長したい」「給料を上げたい」「上司とのコミュニケーションが辛い」など、多くの方が悩み苦しんでいます。

しかし、**そのほとんどは「仕事ができる人」になることですぐに解決できます。**

仕事ができるようになれば、仕事の時間を最小化できます。

もし職場が合わなければ、自分に合う職場へ転職したり、フリーランスとして独立したりすることも可能です。脱終身雇用化している日本社会においてこの流れは顕著になっていくはずです。

また、コロナ禍を機に便利な環境(デジタルツール、リモートワークを推進する社会)が劇的に整っていく中、いつでもどこでも仕事ができる環境は、「いつでもどこでも仕事をせざるを得ない環境」と表裏一体です。仕事とプライベートの境界線はますます薄くなっていくでしょう。

ワークライフバランスやウェルビーイング(Well-being)という言葉が浸透し**「仕事だけの人生になりたくない」と思っている人が世の中の大半です。**

しかし、「仕事なんか適当でいい」というスタンスでは、いつまでたってもプロフェッショナルとして成長することができません。

**仕事を軽視し、プライベートを重視しすぎると、短期的には楽しくても、いつまでたっても自分の人生をコントロールすることができません。**その結果、長期的に見るとプライベートにかける時間もお金も脅かされることになるのです。

死を意識することで生を実感できるように、**実は仕事ができる人になることが、プライベートを充実させる一番の解決策になります。**

あなたが自分らしい人生を歩むためにも、今日から**あなたの「当たり前」を、少しでもいいので、ぜひ変えてみてください。**

# 謝辞

本書を執筆するにあたり、多くの方々のご協力をいただきました。この場を借りて御礼を申し上げます。

まずはじめに、天国にいる河津敬さんに心からの感謝を伝えたいと思います。コンサル時代に右も左もわからず、笑顔と元気だけで切り抜けようとした私が、厳しくも温かく愛のある指導をいただいた、私の恩師です。きっと天国でクールにニヤッと笑っていてくれると思います。河津さん、これからも天国から見守っていてください。

また、執筆活動中に理解をし、支えてくれた本業の牛乳配達事業の明治クッカーの従業員の皆さん、それから人生初の「執筆」という機会を与えていただいたダイヤモンド社のみなさまには感謝してもしきれません。今から11年前に「牛乳配達」という業界に飛び込み、超労働集約、超アナログ、超斜陽産業の業界で日々苦心しておりました。

なんとか状況を打開しようと無目的でＳＮＳでの発信を続けたところ、編集者の林拓馬さんから企画の相談があり、出版に至りました。

実は発信し始めた5年前、社内の「ＳＮＳで実現したい未来」という一枚のスライドの中に「書籍の出版」という文字を書いていたことを思い出しました。思い描き、言葉にすることの大切さを日々実感しております。


長くなりましたが、本書があなたを「仕事ができる人」にする一助となり、あなたがよりよい未来を築くための一歩を踏み出すことを願っております。

今後のあなたの成功を、心から応援しております。ありがとうございました。

西原　亮

# もっと仕事ができる人になるための読書リスト

## 1『死ぬ瞬間の5つの後悔』

ブロニー・ウェア著　仁木めぐみ訳　新潮社

社会の中で忙しさに追われ、仕事もプライベートも「なんとなく」過ごしてしまうことが多くなりがちです。この本では、人が死の間際に感じる後悔を通して、今の自分が「何を軸に生きるべきか」を改めて考えさせられる一冊です。

## 2『人生の短さについて　他2篇』

セネカ著　中澤務訳　光文社

人生は短いのではなく、私たち自身が短くしているのだというセネカの言葉が心に響きます。「いつかやろう」と先延ばしにすることへの警鐘を鳴らし、今を生きる大切さを教えてくれる一冊です。

3

## 『DIE WITH ZERO　人生が豊かになりすぎる究極のルール』

ビル・パーキンス著　児島修訳　ダイヤモンド社

お金を貯めることよりも、経験（思い出）を重視することの大切さを説いています。私たちは、稼いだお金を死後に持ち越すことはできません。自分にとっての「いつか」はいつ来るのか、そしてどのようにお金を使えば幸福度を高められるのかを考えさせてくれる一冊です。

4

## 『ヒトはなぜ先延ばしをしてしまうのか』

ピアーズ・スティール著　池村千秋訳　ＣＣＣメディアハウス

「先延ばし」は、仕事における永遠の課題。本書では、自分がどのようなタイプの先延ばしをするのかを診断でき、特性に応じた解決策をロジカルに学ぶことができます。自分の特性を踏まえ、明確な先延ばしの解決策を見つけられる良書です。

5

## 『GIVE & TAKE 「与える人」こそ成功する時代』

アダム・グラント著　楠木建監訳　三笠書房

最も成功するのは「ギバー」、そして最も失敗するのも「ギバー」だと本書は教えます。成功するためには、他人に与えるだけでなく、自分自身の利益にも気を配ることが重要です。自分が誰かに支配されており、不安定になったと感じたら何度も読み返すことをおすすめします。

## 6 『FACTFULNESS　10の思い込みを乗り越え、データを基に世界を正しく見る習慣』

ハンス・ロスリング、オーラ・ロスリング、アンナ・ロスリング・ロンランド著　上杉周作、関美和訳　日経BP

私たちは数字やデータに基づいて物事を判断しているようで、実は多くの思い込みにとらわれています。本書は、事実に基づいた判断の重要性を具体的な事例を通じて教えてくれます。安易に鵜呑みにせず、自分で客観的事実を知り、判断するための良い教材です。

7
## 『やっぱり見た目が9割』
竹内一郎著　新潮社

「人は見た目が大切」という真実を軸に、見た目だけでなく話し方や伝え方、雰囲気、文章まで含めた「印象」の重要性を論じています。これは社内外にかかわらず多くのビジネスシーンでも非常に役立つ内容であり、誰も指摘しない内容であるため、自分のレベルアップに役立ちます。

8
## 『世界一やさしい問題解決の授業』
渡辺健介著　ダイヤモンド社

問題解決の基本を初心者にもわかりやすく解説している教科書のような一冊です。ロジックの構築や問題の本質を捉える力を身につけるために、何度でも読み返したい本です。

9
## 『新版　財務3表一体理解法』
國貞克則著　朝日新聞出版

ビジネスマンとして財務を学ぶなら、この本は必読です。決算書の基礎から応用までを一貫してわかりやすく解説しており、財務の全体像を幅広く理解することができます。

## 10『企業分析シナリオ（第2版）』

西山茂 著　東洋経済新報社

私自身がコンサルに入社して初めての研修で渡された書籍。実際の企業の決算書をベースに、コンサルティングに必要な市場環境、競合分析、自社の環境分析などを多角的に説明した一冊。難易度は非常に高いため、より財務分析に興味のある方におすすめします。

［著者］
**西原　亮**（にしはら・りょう）
株式会社明治クッカー代表取締役
慶應義塾大学卒業後、アメリカ・ニューヨークに拠点を置く投資ファンドと大手総合商社の合弁にて設立された経営コンサルティング会社に入社。主に全社組織改革、新規事業立案、新興国への海外事業展開戦略などのプロジェクトに参加。担当企業はグローバル大手印刷機器会社、イスラエル大手製薬会社、国内大手通信会社など多数。
同社で5年の勤務を経て30歳を迎えた2013年、父親の跡を継ぐために明治クッカーに参画、同年8月より代表取締役に就任。万年赤字、廃業加速、低賃金、採用難、超アナログの産業において、売り上げ、従業員数ともに10年で700%の成長を実現。
2019年より「にっしー社長」としてYouTube、およびTikTokにてビジネススキルの情報発信を開始。「コンサル時代に教わった最強のノートの使い方。TODOをゴリゴリ進めるノート術。」が60万回以上再生される。YouTubeのチャンネル登録者数は8万人、TikTokフォロワーは18万人を超える。本書が初の著書となる。

コンサル時代に教わった
**仕事ができる人の当たり前**

2024年11月26日　第1刷発行
2025年 1 月16日　第5刷発行

著　者——西原　亮
発行所——ダイヤモンド社
〒150-8409　東京都渋谷区神宮前6-12-17
https://www.diamond.co.jp/
電話／03･5778･7233（編集）　03･5778･7240（販売）

ブックデザイン—中ノ瀬祐馬
イラスト——髙柳浩太郎
DTP————RUHIA
校正————鷗来堂
製作進行——ダイヤモンド・グラフィック社
印刷・製本—三松堂
編集担当——林拓馬


ISBN 978-4-478-12054-5